Vorwort

'Geschäftskontakte' ist ein Videosprachkurs für praktisches Wirtschaftsdeutsch. Das Lehrmaterial eignet sich für alle, die besonders ihre mündlichen Sprachkenntnisse verbessern wollen.

Für Ihre Geschäftskontakte ist es nicht unbedingt notwendig, daß Sie perfekte Grammatikkennntnisse haben oder akzentfrei Deutsch sprechen. Viel wichtiger ist es, daß Sie bei Ihren Verhandlungen eine gute persönliche Atmosphäre herstellen können, mit Ihren Geschäftspartnern ins Gespräch kommen. Deshalb zeigt der Film neben den fachlichen Gesprächen auch viele Szenen, die informellen und sozialen Charakter haben. Sie können auch sehen, wie sich die deutschen und ausländischen Geschäftspartner – in diesem Beispiel aus Skandinavien – zueinander verhalten. Neben den sprachlichen Fertigkeiten sollen in diesem Programm nämlich auch die kulturellen und systembedingten Unterschiede im internationalen Geschäftsleben angesprochen werden. Dazu kommen Informationen über die Wirtschaft und zur Landeskunde der Bundesrepublik Deutschland.

Das Programm ist sowohl für den Gruppenunterricht wie bedingt für Einzellerner geeignet. Zum Videofilm gibt es dieses Begleitbuch wie auch zusätzliche Lehrerhandreichungen, die neben Unterrichtsvorschlägen noch weitere Übungsangebote enthalten.

Der Film zeigt in acht Sequenzen, wie eine ausländische Firma mit einer deutschen Firma Kontakt aufnimmt. Im Begleitbuch finden sich entsprechend 8 Abschnitte, in denen die einzelnen Filmsequenzen sprachlich vor- und nachbereitet werden. Je nach Vorkenntnissen, Teilnehmerzahl und Kursstruktur bietet das Programm Stoff für bis zu 30 Stunden Unterricht. Dabei kann der Videosprachkurs 'Geschäftskontakte' als kurstragendes wie auch als Begleitmaterial eingesetzt werden. Es ist aber auch als Auffrischungs- und Spezialisierungsmaterial für Lerner geeignet, die vielleicht früher Deutsch gelernt hatten und nun wieder Deutsch für ihre beruflichen Bedürfnisse brauchen. Wie gesagt, Sie brauchen nicht perfekt Deutsch zu lernen, aber

für Ihre **'Geschäftskontakte'** mit deutschsprachigen Geschäftspartnern ist es sicher günstig, wenn Sie (etwas) Deutsch können und deutsche Geschäftssitten kennen.

Im Vorspann des Films werden auch einige Gründe genannt, warum Deutsch als Geschäftssprache wichtig sein kann:

Frankreich
Ja, es ist nicht immer so leicht, auf dem deutschen Markt Fuß zu fassen …

Japan
Auch wenn Englisch die Welthandelssprache Nummer 1 ist, so kann es im harten Wettbewerb vorteilhaft sein, wenn man im Gespäch mit deutschen Geschäftsleuten etwas Deutsch kann.

England
Hier bestätigen die beiden englischen Geschäftsleute, daß deutsche Sprachkenntnisse den entscheidenden Vorsprung für einen erfolgreichen Geschäftsabschluß gaben.
Und man muß nicht perfekt Deutsch sprechen können, wichtig ist, daß die Kommunikation klappt.
Und genauso wichtig sind sicherlich Kenntnisse über interkulturelle Geschäftssitten und – natürliches Auftreten.

Wir wünschen Ihnen viel Spaß und Erfolg mit dem Videosprachkurs **'Geschäftskontakte'**

Das Begleitbuch zum Film enthält Aufgaben und Übungen für die acht Filmabschnitte. Jeder Filmabschnitt wird durch folgende Arbeitsschritte erarbeitet:

A Zur Vorbereitung

B Arbeit mit dem Video

dabei: Fragen zum Film
Transkript der Dialoge
Transferübungen wie Rollenspiele
Wortschatzübungen
Einsetz- und Zuordnungsübungen

C Zur Vertiefung

dabei: Zusatztexte mit Übungen
landes- und wirtschaftskundliche Information
weitere Redemittel und Rollenspiele

D Ergänzende Übungen mit Tests

Im **A-Teil** wird die jeweilige Szene aus dem Videofilm vorbereitet. Das erleichtert das Verständnis der authentischen Dialoge beim ersten Sehen bzw. Hören.

Im **B-Teil** gibt es Fragen und Aufgaben zum konkreten Verständnis des Filmabschnitts. Da es sich beim Film um authentische Szenen handelt, machen die Sprecher, auch die deutschen, manchmal Fehler. Diese Fehler sind im Transkript nicht korrigiert, sondern mit * gekennzeichnet.

Die Übung 3 ist jeweils eine Wortschatzübung, die einmal die Bedeutung der im Film verwendeten Wörter erschließen hilft, sowie weiterhin nach Durcharbeitung des gesamten Programms für den Lerner ein selbsterstelltes Glossar von fachspezifischen Wörtern und Ausdrücken aufbauen hilft. Bei Nomen ist die Pluralform immer in Kurzform angegeben, Umlaute beim Wortstamm werden durch ⁼e angegeben, z. B. Umsatz, ⁼e – Umsätze. Gibt es keinen Plural, steht '0'.

In den Rollenspielen und Partnerübungen können die im Film dargestellten Situationen selbst nachgespielt werden. Dafür werden zu den im Film verwendeten weitere Redemittel eingeführt.

Der **C-Teil** behandelt das Lektionsthema weiter, geht aber von einer neuen Quelle aus. Das ist meist ein landes- oder wirtschaftskundlicher Text.

Im **D-Teil** finden sich Sprachübungen und kurze Tests.

▶ Nach diesem Zeichen folgen die Angaben zur Arbeitsform wie Lesen, Diskussion usw.

Bei den meisten Übungen gibt es Symbole, die die günstigste Unterrichtsform anzeigen:

für schriftliches Arbeiten,   für Einzelarbeit,

für Partnerübungen   und für Gruppenarbeit.

Je nach Vorkenntnissen, Arbeitstempo und Gruppenstruktur können natürlich auch andere Arbeitsformen gewählt werden. So muß auch durch die Kursleiter und die Teilnehmer je nach Kurs und Lernern entschieden werden, wie oft die einzelnen Filmabschnitte gezeigt werden. Es empfiehlt sich aber besonders am Anfang, die Szenen nach 1 – 2 Übungsschritten zu wiederholen, damit vor der aktiven Umsetzung des Gelernten das genaue Verständnis der Szenen garantiert ist.

Der Videosprachkurs kann bedingt auch von Selbstlernern benutzt werden, wobei dann aber die kommunikativen Übungen nur eingeschränkt gemacht werden können.

Im Begleitbuch finden sich auch eine Menge Anregungen zur Diskussion über interkulturelle Geschäftssitten und etwaige deutsche Besonderheiten im Geschäftsleben. Bei diesen Übungen und Fragen kann es natürlich keine eindeutigen Lösungen und Antworten geben, da hier auch persönliche oder kulturbedingte Unterschiede eine große Rolle spielen.

Für die Sprachübungen wie für die Wissensfragen gibt es aber einen eindeutigen Lösungsschlüssel (s. S. 125–127).

Zusätzlich zu diesem Begleitbuch gibt es noch Lehrerhandreichungen, Best.Nr. 90 502, die eine Menge weiterer Hinweise zur Arbeit mit dem Video wie auch weitere Übungen und landeskundliche Informationen enthalten.

Videosprachkurs für Wirtschaftsdeutsch

GESCHÄFTS-
KONTAKTE

Zeichnungen: Anders Gäfert
Leif Nilsson
Layout: Jürgen Bartz
Fotografie: Bengt Hallberg (s.a. Quellennachweise S. 128)
Umschlaggestaltung: Zero-Team München
Redaktion: Hans-Heinrich Rohrer

Zum Programm gehören:

– Begleit- und Arbeitsbuch	90 501
– Lehrerhandreichungen	90 502
– Videocassette (VHS) PAL	90 503
NTSC	90 504
Secam	90 505

© 1991 Langenscheidt KG, Berlin und München
Titel der schwedischen Originalausgabe: „Willkommen auf dem deutschen Markt".

Druck:	5.	4.	3.		Letzte Zahlen
Jahr:	95	94	93	92	maßgeblich

Druck: Schoder-Druck, Gersthofen
Printed in Germany ISBN 3-468-90 501-7

Inhalt

Inhalt

Und noch eine Frage, Frau Beier: Wie kommen wir am schnellsten mit Möbelhaus Jung in Kontakt?

A Zur Vorbereitung

▶ **Welche Informationen finden Sie in der Anzeige?**

a) _____

_____

b) _____

_____

c) _____

_____

d) _____

_____

e) _____

_____

Renommiertes Möbelhaus in Norddeutschland, günstige Lage an der Vogelfluglinie, ist bereit, den Vertrieb für ausländische Produkte zu übernehmen. 2.000 qm Lagerfläche, gute Kontakte im gesamten Bundesgebiet – das Einrichtungshaus für Ferienzentren in Nord- und Süddeutschland

Möbelhaus Jung

Möbelhaus Jung
Am Markt 66, D-2447 Heiligenhafen
Tel: 04362/8888
Telefax: 04362/888080

▶ **Wie können Sie mit der Firma Jung in Verbindung treten?**

_____

_____

_____

_____

B Arbeit mit dem Video

1 Zum Globalverständnis

▶ **Sehen Sie sich den Filmabschnitt 1 an und beantworten Sie dann die folgenden Fragen.**

a) Wer sind die Gesprächsteilnehmer?

_____/_____

b) Wo befinden sie sich?

_____/_____

c) Welche Positionen haben sie in Ihrer Firma?

_____

d) Was möchte Herr Jung mit seiner Annonce erreichen?

_____

e) Warum ruft Herr Lind Herrn Jung an?

_____

2 Filmtext

Ort:	Büro Herr Lind in Kalmar
	Büro Herr Jung in
	Heiligenhafen
Personen:	Herr Lind (L)
	Frau Franke (F)
	Herr Jung (J)
Zeit:	8. Oktober

1 **F:** *Renommiertes Möbelhaus in Norddeutschland, günstige Lage an der Vogelfluglinie *1), ist bereit, den Vertrieb für ausländische Produkte zu übernehmen (reicht Herrn Lind die*
5 *Zeitschrift).*
L: *(liest weiter) ... 2000 qm Lagerfläche, gute Kontakte im gesamten Bundesgebiet ... Interessant.*
(Herr Lind ruft das Möbelhaus in Nord-
10 *deutschland an.)*
J: *Ja? ... Ja gut, ich übernehme. Jung, guten Morgen.*
L: *Henrik Lind, Firma ARBORUM in Kalmar, guten Morgen, Herr Jung.*
15 **J:** *Guten Morgen, Herr Lind.*
L: *Herr Jung, ich bin Geschäftsführer unserer Firma, und ich rufe wegen Ihrer Annonce in der letzten „Möbelrundschau" an. Wir sind*

---

*1) Vogelfluglinie: schnelle Schiffsverbindung zwischen Norddeutschland (Puttgarden) und Dänemark (Rödby).

Kontaktaufnahme

ein mittelständischer Möbelhersteller und
20 produzieren Qualitätsmöbel für den an-
spruchsvollen Kunden.
J: Das klingt ja ganz interessant, Herr Lind.
L: Zur Zeit sind wir dabei, unseren Export aus-
zubauen, und wie ich auf der Landkarte se-
25 he, liegt Heiligenhafen unter Vertriebsaspek-
ten gesehen sehr günstig für uns. Sie haben
Autobahn- und DB-Anschluß?[*1]
J: Ja, Heiligenhafen hat sicherlich auch noch
weitere Standortvorteile. Wir liegen in einer
30 strukturschwachen Region, und wir bekommen für Bauinvestitionen Zuschüsse vom
Land Schleswig-Holstein.
L: Herr Jung, ich finde, das ist auch für uns alles
sehr interessant. Darf ich Ihnen folgendes
35 vorschlagen: Ich fahre Woche 43 nach
Deutschland. Ich habe einen Termin in Lübeck, am Samstagvormittag, aber könnten
wir uns vielleicht am Nachmittag treffen?
J: Moment, da muß ich mal meinen Terminka-
40 lender befragen. Woche 42, Samstag, der 22.,
ja, das geht.
L: Nein, ich meine, Woche 43, vier drei, nicht
vier zwo.[*2]

---

*1) DB-Anschluß: Die Stadt Heiligenhafen ist an das Eisenbahn-
netz der Deutschen Bundesbahn (DB) angeschlossen.

*2) ‚zwo': Um im mündlichen Gebrauch Verständnisprobleme
auszuschließen, verwendet man oft ‚zwo' statt ‚zwei' im Ge-
gensatz zu ‚drei'.

J: *Woche 43, Moment, das wäre dann Samstag*
45 *der 29. Ja, das paßt ausgezeichnet. Wie wäre*
es mit 15.00 Uhr? Oder ist das dann zu spät
für Sie wegen anderer Verpflichtungen?
L: *Nein, das ist O.K. für uns.*
J: *Gut, Herr Lind, dann sehen wir uns also*
50 *Samstag, den 29. Ich halte den ganzen Nach-*
mittag dann für Sie frei. Eine Frage hätte ich
noch: Könnten Sie mir noch Ihre Telefon-
nummer und Ihre Anschrift geben? Es könn-
te ja sein, daß irgendetwas mal dazwischen
55 *kommen könnte.*
L: *Ja selbstverständlich, Herr Jung. Hier ist*
meine Adresse.

L: *Das ist sehr freundlich von Ihnen, aber das*
70 *haben wir schon in Lübeck gebucht.*
J: *Gut Herr Lind, sollten Sie abends nichts an-*
deres vorhaben, dann möchte ich Sie hiermit
schon herzlich einladen. Sie sind dann unser
Gast.
75 **L:** *Ja, danke, darauf komme ich gerne zurück.*
Wir telefonieren sicherlich noch einmal,
Herr Jung.
J: *O.K., danke für Ihren Anruf. Auf Wieder-*
hören, Herr Lind.
80 **L:** *Auf Wiederhören, Herr Jung.*

Sprecher: *Herr Lind gibt Herrn Jung seine voll-*
ständige Anschrift mit Straßennamen und Post-
60 *leitzahl[*1]), sowie Telefonnummer durch, damit*
die Kommunikation reibungslos funktionieren
kann.
L: *Soll ich Ihnen vorab einige Prospekte*
schicken?
65 **J:** *Ja, gern. Übrigens, wollen Sie abends noch*
in Heiligenhafen bleiben? Übernachten? Ich
lasse dann ein Hotelzimmer für Sie reservie-
ren.

---

*1) Zum schnelleren Sortieren der Post hat jede Stadt in der Bun-
desrepublik eine eigene vierstellige Postleitzahl
(z.B. D-2000 Hamburg, D-8000 München).

3 Wortschatz

▶ **Erklären Sie die folgenden Begriffe in Ihrer Muttersprache aus dem Zusammenhang des Textes.**

günstig _____

der Vertrieb, 0 _____

die Fläche, -n _____

der Geschäftsführer, – _____

die Annonce, -n
(Syn.: das Inserat, -e) _____
      die Anzeige, -n

mittelständisch _____

anspruchsvoll _____

klingen _____

der Vertriebsaspekt, -e _____

z. Zt. (zur Zeit) _____

der Vorteil, -e _____

strukturschwach _____

der Zuschuß, ̈sse _____

vorschlagen _____

der Termin, -e _____

der Terminkalender, – _____

die Verpflichtung, -en _____

ausgezeichnet _____

die Postleitzahl, -en _____

freundlich _____

buchen _____

etwas vorhaben _____

einladen _____

4 Zum Detailverständnis

▶ **Sehen Sie sich den Film noch einmal an, machen Sie Notizen und beantworten Sie die Fragen zum Detailverständnis.**

a) In der Annonce steht der Ausdruck „Bundesgebiet". Was ist damit gemeint?

    _____

b) Welche Kunden hat die Firma „ARBORUM" als Zielgruppe?

    _____

c) Welche Verkehrsverbindungen hat Heiligenhafen?

    _____

    _____

d) Welche besondere Lage hat Heiligenhafen? (vgl. Skizze)

    _____

    _____

e) Welcher Fehler passiert bei der Terminabsprache?

    _____

    _____

f) Wann wollen sich Herr Jung und Herr Lind treffen?

    _____

    _____

g) Welche zwei Vorschläge macht Herr Jung am Ende des Gesprächs?

    _____

    _____

5 Cross Cultural Training 1

▶ **Diskutieren Sie bitte die nachfolgenden Punkte, nach Möglichkeit auf deutsch.**

a) Herr Lind meldet sich am Telefon mit „H e n r i k Lind, …". Dies ist sicher üblich in Schweden, in den deutschsprachigen Ländern meldet man sich in der Regel wie Herr Jung nur mit dem Nachnamen.

Wie ist das in Ihrem Land? Wie melden Sie sich am Telefon?
Wie soll man sich Ihrer Meinung nach verhalten?

b) Herr Jung schildert die Strukturschwäche seiner Region als Vorteil. Warum ist das in diesem Zusammenhang ein Vorteil?
Gibt es bei Ihnen strukturschwache Gebiete?

6 Telefonische Kontaktaufnahme

▶ **a) Entwerfen Sie ein Assoziogramm zum Wortfeld „Telefonieren".**

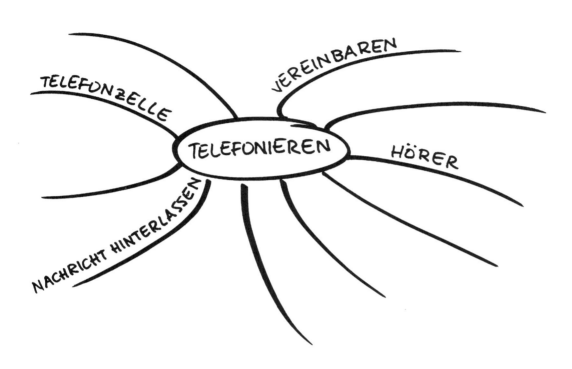

▶ **b) Ordnen Sie jetzt das Assoziogramm nach Oberbegriffen, z. B.**

Allgemein	Telefonapparat	Formulierungen
Auskunft	*Hören*	*Ich verbinde*

▶ c) Suchen Sie in dem Telefongespräch zwischen Herrn Jung und Herrn Lind typische Telefonausdrücke.

_____

_____

_____

_____

_____

_____

_____

_____

▶ c) Führen Sie mit Hilfe der gesammelten Sätze kurze Dialoge als Rollenspiele durch.

z. B.:

A: *Ist Frau Herrmann zu sprechen?*

B: *Nein, leider nicht, sie ist bis Mittwoch auf einer Dienstreise.*

_____

_____

_____

_____

_____

_____

_____

7 Partnerübung Telefonieren

▶ a) **Lesen Sie bitte zu zweit (Partner A: Herr Jung, Partner B: Herr Lind) laut in Tango-Position (Schulter an Schulter, voneinander abgewandt) oder per Telefon den gesamten Dialog auf Seite 4 bis zu der Stelle, wo Herr Jung fragt:**

„ ... *Oder ist das dann zu spät für Sie wegen anderer Verpflichtungen?*"

▶ b) **Führen Sie bitte dann das Gespräch f r e i weiter, d. h. mit viel Phantasie. Bedingung ist dabei, daß 15.00 Uhr am Samstagnachmittag für Herrn Lind**

    a)   zu früh oder

    b)   zu spät ist.

▶ c) **Vereinbaren Sie zusammen einen neuen Termin, entweder am Samstag oder zu einem anderen Zeitpunkt.**

Kontaktaufnahme

8 Terminkalender

▶ a) **Tragen Sie auf dem folgenden Termin-kalender Besprechungen, Besuche, Vorträge, private Veranstaltungen etc. ein, bis nur noch**

– **2 Vormittage oder Nachmittage und**

– **2 Abende offen sind.**

▶ b) **Versuchen Sie dann mit Ihrem Partner, einen gemeinsamen freien Termin zu finden.**

▶ c) **Haben Sie mit Ihrem Partner einen Termin gefunden, dann tauschen Sie bitte den Partner, bis Ihr Terminkalender voll ist.**

20 Montag	**21** Dienstag	**22** Mittwoch	**23** Donnerstag	**24** Freitag	**25** Samstag	**26** Sonntag
7	7	7	7	7	7	8
8	8	8	8	8	8	9
9	9	9	9	9	9	10
10	10	10	10	10	10	11
11	11	11	11	11	11	12
12	12	12	12	12	12	13
13	13	13	13	13	13	14
14	14	14	14	14	14	15
15	15	15	15	15	15	16
16	16	16	16	16	16	17
17	17	17	17	17	17	18
18	18	18	18	18		

34. Woche

August

August
1 2 3 4 5   6 7 8 9 10 11 12   13 14 15 16 17 18 19   20 21 22 23 24 25 26   27 28 29 30 31
Mi Do Fr Sa So   Mo Di Mi Do Fr Sa So   Mo Di Mi Do Fr Sa So   Mo Di Mi Do Fr Sa So   Mo Di Mi Do Fr

Fragen:

● Wie wäre es mit Freitag gegen 16.00 Uhr?
● Würde Ihnen .... passen?
● Wie sieht es bei Ihnen am Donnerstag aus?
● Was halten Sie von Mittwochnachmittag?
● Haben Sie schon am .... etwas vor?

Antworten:

● Da habe ich leider schon etwas vor.
● Leider habe ich von ......Uhr bis ...... Uhr eine Besprechung.
● Das tut mir leid, aber um 14.00 Uhr habe ich eine Besprechung.
● Da habe ich Besuch, aber vielleicht läßt sich das ändern.
● Da gehe ich in die Sauna, aber wollen Sie nicht mitkommen?
● Ja, das paßt ausgezeichnet.
● Gut, dann ist das abgemacht. Freitag um 15.00 Uhr.

9 Cross Cultural Training 2

 ▶ **Betrachten Sie im Film einmal die Kleidung von Herrn Lind einerseits und von Herrn Jung andererseits. Falls notwendig, sehen Sie noch einmal den Abschnitt.**

▶ **a) Fallen Ihnen Unterschiede auf?**
Was trägt Herr Jung? Was Herr Lind und Frau Franke?

▶ **b) Wenn Sie in ein deutschsprachiges Land fahren, welche Kleidung würden Sie mitnehmen für** geschäftliche Treffen | formelle Anlässe | Freizeitgestaltung?

▶ **c) Falls Sie auf Geschäftsreise in ein deutschsprachiges Land fahren:**
Wie weit soll man sich mit der Kleidung anpassen?

▶ **d) Vergleichen Sie die Einrichtung der Büros von Herrn Jung und Herrn Lind:**
Welchem Büro würden Sie die folgenden Eigenschaften geben:

> sachlich – gemütlich – positives Arbeitsklima – kalt – warm – angenehm –
> modern – praktisch – altmodisch – technisch – unpersönlich – funktional – ...

Büro-einrichtung	Lind	Jung	Ihr deutscher Geschäftspartner	Ihr Land

▶ **e) Die Herren Jung und Lind vereinbaren eine Besprechung am Samstag-nachmittag.**

Ist das nach Ihrer Meinung oder Er-fahrung üblich in
– Ihrem Land   – Österreich
– Deutschland   – der Schweiz?

▶ **f) Herr Jung lädt Herrn Lind für den Abend des Besprechungstages ein. Ist das ernst gemeint? Würden Sie an Herrn Linds Stelle die Einladung annehmen?**

10 Schriftliche Kontaktaufnahme

► **Formulieren Sie das Telefongespräch auf den Seiten 8 bis 10 als schriftliche Anfrage von Herrn Lind an die Firma Jung. Nehmen Sie dazu den folgenden Brief als Vorlage. *)**

Herr Lind arbeitet in der Firma ARBORUM, Box 1111, S-392 34 Kalmar.
Die Anschrift der Firma Jung ist: Postfach 4711, D-2447 Heiligenhafen.

Kruse & Mendez

Av. Colon 285 9e · 1200 La Paz · Bolivia

Luftpost

Mystikum GmbH
Parfums & Feinseifen
Kaiserstr. 35

6000 Frankfurt 1

                                                    La Paz 12.10.90

Zusammenarbeit

Sehr geehrte Damen und Herren,

wir haben erfahren, daß Sie in letzter Zeit eine Reihe von neuen Erzeugnissen auf den Markt gebracht haben, und wir können uns vorstellen, daß eine Geschäftsverbindung zwischen Ihnen und uns für beide Seiten vorteilhaft wäre.

Als ein Unternehmen, das seit vierzig Jahren auf kosmetische Erzeugnisse spezialisiert ist, könnten wir auch Ihre Produkte in beträchtlichem Umfang absetzen.

Wir zahlen bar und erwarten dafür von unseren Lieferanten einwandfreie Qualität und günstige Preise, so daß wir mit den bekannten Weltmarken konkurrieren können.

Sind Sie an einer langfristigen Zusammenarbeit interessiert? Bitte schicken Sie uns eine Musterkollektion und Ihre Preisliste. Danke.

Mit freundlichem Gruß

ppa. Müller
Kruse & Mendez
Kosmetische Erzeugnisse

---

*) nach: Langenscheidts Musterbriefe, 100 Briefe Deutsch für Export und Import, Berlin und München 1983

C Zur Vertiefung

1 ISDN – Kommunikation der Zukunft

ist heute wichtiger Planungsfaktor in Großbetrieben und mittelständischen Unternehmen. Doch was verbirgt sich hinter diesen vier Großbuchstaben? ISDN heißt Integrated Services Digital Network, zu deutsch: diensteintegrierendes digitales Fernmeldenetz. Der Reihe nach betrachtet ist es gar nicht so schwer verständlich:

I wie Integration

Statt für jeden Fernmeldedienst eine eigene Leitung legen zu müssen, wird die bestehende Telefonleitung digitalisiert, und alle im ISDN angebotenen Dienste gelangen über eine Leitung zum Anwender. Der Kunde kann über eine einheitliche Steckdose den Dienst, den er wünscht, an jeder Stelle abrufen.

S wie Services

Alle im ISDN angebotenen Sprach-, Text-, Daten- und Bilddienste kommen über einen Anschluß, werden über ein und dieselbe Leitung geschickt. Die Dienste lassen sich kombinieren und für eine Reihe neuer Anwendungen einsetzen. Bilder, mit Texten unterlegt, oder eine Sprachübertragung, ergänzt durch das Bild des Partners, sind leicht zu realisieren. Alles unter einer Rufnummer!

D wie Digital

Die einheitliche digitale Übertragung macht die gemeinsame Nutzung des Netzes durch die Dienste überhaupt erst möglich.

Beim bisherigen analogen Telefon transformiert ein Mikrophon Schallschwingungen in elektrische Schwingungen. Diese werden über das Netz geleitet und am anderen Ende wieder in Schallschwingungen verwandelt. Bei der Digital-Technik mißt man die Schwingungen in sehr kurzen Abständen (8000mal pro Sekunde) und übermittelt sie als (binäre) Zahlenwerte. Für den Empfänger werden aus übermittelten Zahlen wieder elektro-akustische Schwingungen.

Der Vorteil dieser neuen Technik liegt darin, daß alle Kommunikationsarten – nicht nur Sprache, sondern auch Texte, Daten und Bilder – in der Digitaltechnik einheitlich dargestellt und übermittelt werden können.

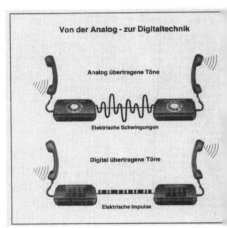

N wie Network

Das vorhandene Telefonnetz bleibt bestehen, durch die Digitalisierung läßt es sich aber besser nutzen. Das heißt, über den ISDN-Anschluß kann beispielsweise gleichzeitig telefoniert und gefaxt werden. Über das Telefonkabel werden zwei Kanäle zur Nachrichtenübertragung und ein Signalisierungskanal angeboten, der die verschiedenen Dienste sowie den Auf- und Abbau der Verbindung steuert.

Der ISDN-Arbeitsplatz

Heute sind für verschiedene Dienste jeweils unterschiedliche Endgeräte notwendig. Die Deutsche Bundespost und die Industrie entwickeln aber schon Mehrdienste-Endgeräte mit den vielfältigsten Kombinationen – beispielsweise Telefon und Btx als „MultiTel". Die Skala der Möglichkeiten reicht heute bis zum „Multifunktionalen Terminal".

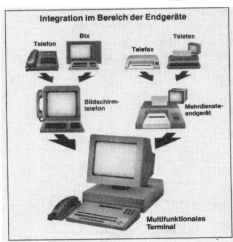

Kontaktaufnahme   C

► **Kreuzen Sie bitte an.**

	richtig	falsch
1. ISDN bedeutet „Integrated Services Digital Network".		
2. Im ISDN sind mindestens acht Endgeräte pro Teilnehmer erforderlich.		
3. Im ISDN kann man gleichzeitig telefonieren und faxen.		
4. ISDN übermittelt nicht nur Sprache, sondern auch Texte und Bilder.		
5. Am Bildschirmtelefon können Sie Ihren Gesprächspartner auch sehen.		
6. Bei ISDN muß das alte Telefonsystem ausgetauscht werden.		
7. Bei ISDN werden die Signale analog übertragen.		
8. Für die ISDN-Nutzung werden spezielle Mehrdienstgeräte entwickelt.		
9. ISDN kann in der Zukunft eine wichtige Rolle für die Betriebe spielen.		
10. Auch die 'Geschäftskontakt'-Möglichkeiten werden sich ändern.		

2 Abkürzungen

bzw.	lt.	usw.	Abt.	i.A.	evt.	d.h.	i.d.R.	vgl.	u.a.
z.Zt.	z.B.	s.o.	MwSt.	d.M.	z.T.	f.S.	bes.		

► **a) Was gehört zusammen?**

im Auftrag		zum Teil	
zum Beispiel		zur Zeit	
unter anderem		und so weiter	
folgende Seite		in der Regel	
Abteilung		besonders	
das heißt		vergleiche	
beziehungsweise		eventuell	
laut		Mehrwertsteuer	
siehe oben		des Monats	

► **b) Welche weiteren, für Sie wichtigen, Abkürzungen kennen Sie?**

_____ , [ ]   _____ , [ ]

_____ , [ ]   _____ , [ ]

3 Das Termin-Spiel

**Die Spielteilnehmer stellen ihre Steine
auf das Startfeld des Spielplans (S. 21).
Wer die höchste Zahl würfelt, beginnt (A).
Vom Startfeld rückt man die gewürfelte
Augenzahl vorwärts.
Kommt man z.B. auf das Feld 10/5,
fragt man seinen Partner (B):**

- Was machen Sie am 10. Mai?

○ Am 10. Mai fliege ich in Urlaub.

  oder:

- Wo waren Sie am 10. Mai?

○ Am 10. Mai waren wir auf der Messe.

Weitere Redemittel für A:
- Könnten wir uns am 10. Mai treffen?
- Paßt Ihnen der 10. Mai?
- Ich halte am 10. Mai den Nachmittag für
  Sie frei.
- Herr Kühne kommt erst am 10. Mai wieder.
  Könnten Sie dann nochmal anrufen?
- Am 10. Mai bin ich auf einer Dienstreise.
  Geht es vielleicht in der darauffolgenden
  Woche?
- Wir waren für den 10. Mai verabredet. Nun
  ist mir leider etwas dazwischen
  gekommen… .

Weitere Redemittel für B:
○ Leider nicht.
○ Ja, das geht.
○ Ja, natürlich.
○ Wie schade! Können wir einen anderen
  Termin abmachen?
○ Gut, dann ist das abgemacht.
○ Vormittags geht es leider nicht, aber nach-
  mittags hätte ich Zeit.

**Das Spiel ist beendet, wenn alle Teil-
nehmer das Ziel erreicht haben.**

Spielplan

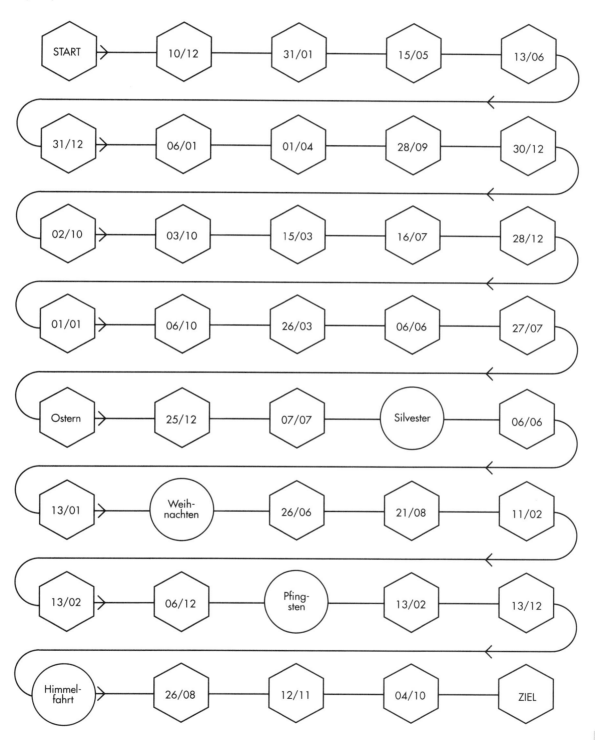

Ergänzende Übungen

1 Wie passen die folgenden Präpositionen in die Lücken?

über – um – bei – auf – von – an – in – wegen – im – am – zu

a) Wir sind sehr .... einer Zusammenarbeit interessiert.

b) Ich arbeite als Geschäftsführer .... der Firma ARBORUM.

c) Ich rufe .... Ihrer Anzeige an.

d) Heiligenhafen liegt .... Grenzgebiet .... Dänemark.

e) Können wir uns .... Samstagvormittag treffen?

f) Könnten Sie bitte noch etwas .... die Entwicklung Ihrer Firma berichten?

g) Die Entscheidung hängt .... Preis und Lieferzeit ab.

h) Ich hoffe, daß wir .... Dauer die Zusammenarbeit intensivieren können.

i) Wir werden uns .... die Sache kümmern.

j) Was halten Sie .... folgendem Vorschlag?

k) Dann sehen wir uns .... zwei Wochen.

2 Komplettieren Sie bitte die Sätze mit Hilfe der folgenden Wörter:

verbinden   ausrichten   außer Haus   besetzt

Besprechung/Sitzung   Nachricht   abmachen   vereinbaren

ausrichten   zurückrufen/wieder anrufen   wegen

a) Können wir für nächtste Woche einen Termin _____ ?

b) _____ Sie mich bitte mit Frau Dr. Klein.

c) Der Apparat ist leider _____ .

d) Kann ich etwas _____ ?

e) Herr Schmöhl ist gerade in einer _____ .

f) Kann ich eine _____ hinterlassen?

g) Das werde ich gerne _____ .

h) Ich rufe _____ Ihrer Bestellung von letzter Woche an.

i) Frau Dr. Klein ist leider _____ .

j) Wenn nichts dazwischen kommt, _____ ich in einer Stunde _____

A Zur Vorbereitung

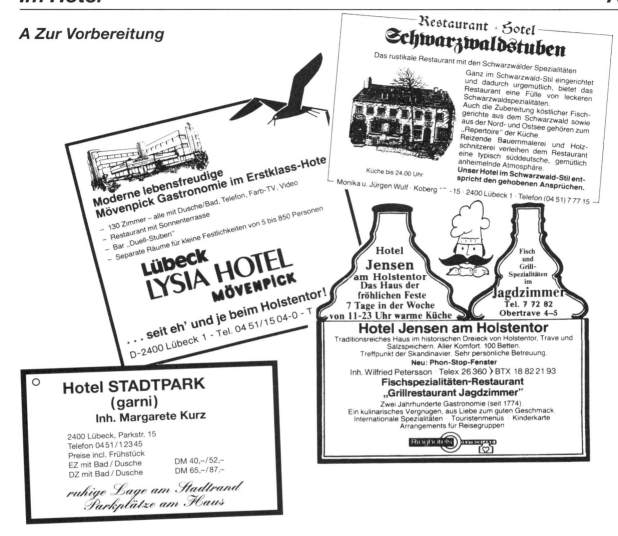

Restaurant · Hotel
Schwarzwaldstuben

Das rustikale Restaurant mit den Schwarzwälder Spezialitäten

Ganz im Schwarzwald-Stil eingerichtet und dadurch urgemütlich, bietet das Restaurant eine Fülle von leckeren Schwarzwaldspezialitäten.
Auch die Zubereitung köstlicher Fischgerichte aus dem Schwarzwald sowie aus der Nord- und Ostsee gehören zum „Repertoire" der Küche.
Reizende Bauernmalerei und Holzschnitzerei verleihen dem Restaurant eine typisch süddeutsche, gemütlich anheimelnde Atmosphäre.
Unser Hotel im Schwarzwald-Stil entspricht den gehobenen Ansprüchen.

Küche bis 24.00 Uhr

Monika u. Jürgen Wulf · Koberg ?? - 15 · 2400 Lübeck 1 · Telefon (04 51) 7 77 15

Moderne lebensfreudige
Mövenpick Gastronomie im Erstklass-Hote

– 130 Zimmer – alle mit Dusche/Bad, Telefon, Farb-TV, Video
– Restaurant mit Sonnenterrasse
– Bar „Duell-Stuben"
– Separate Räume für kleine Festlichkeiten von 5 bis 850 Personen

Lübeck
LYSIA HOTEL
MÖVENPICK

. . . seit eh' und je beim Holstentor!
D-2400 Lübeck 1 - Tel. 04 51/15 04-0 - T

Hotel
Jensen
am Holstentor
Das Haus der fröhlichen Feste
7 Tage in der Woche
von 11-23 Uhr warme Küche

Fisch und Grill-Spezialitäten im Jagdzimmer
Tel. 7 72 82
Obertrave 4–5

Hotel Jensen am Holstentor
Traditionsreiches Haus im historischen Dreieck von Holstentor, Trave und Salzspeichern. Aller Komfort. 100 Betten.
Treffpunkt der Skandinavier. Sehr persönliche Betreuung.
Neu: Phon-Stop-Fenster
Inh. Wilfried Petersson · Telex 26 360 〉 BTX 18 82 21 93
Fischspezialitäten-Restaurant
„Grillrestaurant Jagdzimmer"
Zwei Jahrhunderte Gastronomie (seit 1774).
Ein kulinarisches Vergnügen, aus Liebe zum guten Geschmack.
Internationale Spezialitäten · Touristenmenüs · Kinderkarte
Arrangements für Reisegruppen

Ringhotels

○ **Hotel STADTPARK**
(garni)
Inh. Margarete Kurz

2400 Lübeck, Parkstr. 15
Telefon 0451/12345
Preise incl. Frühstück
EZ mit Bad / Dusche   DM 40,–/52,–
DZ mit Bad / Dusche   DM 65,–/87,–

ruhige Lage am Stadtrand
Parkplätze am Haus

▶ **Sie finden auf dieser Seite Inserate von vier Hotels.**
Lesen Sie bitte diese Inserate durch.

Diskutieren Sie dann mit Ihrem Partner und begründen Sie Ihre Ansicht. Versuchen Sie ihn/sie zu überzeugen, das gleiche Hotel zu nehmen.

a) Entscheiden Sie sich dann, in welchem Hotel Sie am liebsten übernachten würden.

- Das wirkt sehr modern / gemütlich / altmodisch.
- Die haben offensichtlich eine sehr gute Küche.
- Das ist doch weit über Lübeck hinaus bekannt.
- Ich mag diese Atmosphäre.

- Das ist international.
- Das scheint mir sehr teuer/ günstiger zu sein.

b) Welches Hotel wird Ihrer Meinung nach Herr Lind gebucht haben?

c) Welche Daten brauchen Sie, wenn Sie ein Hotel buchen wollen?

B Arbeit mit dem Video

1 Zum Globalverständnis

▶ **Sehen Sie sich den Filmabschnitt 2 an und beantworten Sie dann die folgenden Fragen:**

a) Der Filmabschnitt 2 besteht aus 4 Szenen bzw. Situationen:

Welche Orte	und welche Personen kommen vor?
Szene 1: _____	_____
Szene 2: _____	_____
Szene 3: _____	_____
Szene 4: _____	_____

b) Wie kommen in der 2. Szene Herr Lind und der Badegast ins Gespräch?

_____

_____

c) Worum geht es in der 3. Szene?

_____

_____

d) Was passiert in der 4. Szene?

_____

2 Filmtext

Ort: Empfang Maritim-Hotel
in Timmendorferstrand
Personen: Herr Lind (L)
Frau Franke (F)
Dame an der
Rezeption (R)
Zeit: 25. Okt. gegen 17.00 Uhr

Szene 1

1 *L: Guten Tag, mein Name ist Lind, Firma AR-BORUM. Wir haben zwei Einzel(n*)zimmer bestellt.*
R:Ja, herzlich willkommen im Maritim-Hotel!
5 *Kleinen Moment, ich schau mal kurz.*

L: Danke. Anton, Richard, Berta …
R:Ja, das ist richtig, zwei Einzelzimmer sind bestellt. Wenn Sie einmal bitte so freundlich wären und sich hier jeweils einmal eintragen
10 *würden, bitte.*
L/F: Danke.

Im Hotel

F: Oh, was ist heute für ein Datum?
R: Der 25.!
F: Danke.
15 *L:* Bitte. (Überreicht das ausgefüllte Anmelde-
formular).
R: Schönen Dank. Hatten Sie eine angenehme
Anreise?
L: Ja.
20 *F:* Na, das Wetter war nicht so gut, aber es ging.
Sagen Sie: Wo können wir unser Auto par-
ken?
R: Eine Etage tiefer, in der Parkgarage, bitte.

F: Danke schön. Im „Seehotel" gab es auch
25 immer einen Veranstaltungskalender. Haben
Sie das auch?
R: Das bekommen Sie bei uns auch. Aber sicher.
F: Herzlichen Dank.
30 *R:* So. Darf ich Ihnen die Zimmerschlüssel und
die Zimmerausweise überreichen. Hier ist
ein Gutschein für einen Begrüßungscocktail.
Ich wünsche Ihnen einen angenehmen Aufenthalt.
35 Zu den Zimmern geht es dann bitte hier vor-
ne links weiter.

Szene 2

Ort: In der Schwimmhalle
des Maritim-Hotels
Personen: Herr Lind (L)
Gast (G)
Zeit: 25. Okt., ca. 18.00 Uhr

L: Entschuldigung, sind die zwei Stühle noch
frei?
G: Ja, gern.
40 *L:* Das ist wirklich eine schöne Anlage hier.
Wie warm ist das Wasser heute eigentlich?
G: 28 Grad. Das läßt sich aushalten.
Sie sind das erste Mal hier?

L: Nein, ich übernachte gern hier in Timmen-
45 dorferstrand, wenn ich in Lübeck zu tun habe.
G: Sie kommen aus . . .
L: Ich komme aus . . .

Szene 3

F: Entschuldigung, ab wann gibt es Frühstück?
50 *R: Ab 7 Uhr, eine Etage höher im Restaurant.*
F: Würden Sie mich dann bitte um 07.00 Uhr
   wecken? Zimmer Nr. 513.
R: Ja.
L: Reicht nicht 07.30 Uhr?
55 *F: Wir müssen um 10.00 Uhr in Hamburg sein.*
   Pünktlich nach Möglichkeit. Die sind also
   sehr genau bei . . .
L: Halbacht reicht für mich.
R: Halbacht, Zimmer 512 dann. Und Zimmer
60   *513 um 07.00 Uhr.*
   Ich wünsche Ihnen eine angenehme
   Nachtruhe.
F/L: Danke gleichfalls.
F: Übrigens, können wir morgen meinen Bru-
65   *der mitnehmen von Hamburg nach Lübeck?*
L: Aber natürlich.

Ort: Empfang Maritim-Hotel
Personen: Herr Lind (L)
        Frau Franke (F)
        Dame an der
        Rezeption (R)
Zeit: 25. Okt. gegen 22.00 Uhr

Ort: Frühstückssaal
    Maritim-Hotel
Personen: Herr Lind (L)
        Frau Franke (F)
        Bedienung (B)
Zeit: 26. Okt. gegen 7.45 Uhr

Filmtext 2

Szene 4
Am Buffet:
F: Entschuldigung, der Grapefruitsaft ist alle.
B: Ich bringe Ihnen sofort neuen.
Am Tisch:
B: Darf ich Ihnen noch etwas Kaffee einschenken?
70 *L: Ja, bitte.*

B: Bekommen Sie auch noch etwas Kaffee?
F: Nein, danke. Aber ihr Frühstücksbuffet ist
   wirklich ausgezeichnet.
B: Danke, das freut uns.

Im Hotel

3 Wortschatz

▶ **Erklären Sie die folgenden Begriffe in Ihrer Muttersprache aus dem Zusammenhang des Textes.**

das Einzelzimmer, – _____

eintragen _____

das Anmeldeformular, -e _____

angenehm _____

die Anreise, 0 _____

der Veranstaltungskalender, – _____

der Zimmerschlüssel, – _____

der Zimmerausweis, -e _____

die Begrüßung, -en _____

der Aufenthalt, -e _____

Entschuldigung! _____

die Anlage, -n _____

eigentlich _____

aushalten _____

wecken _____

reichen _____

pünktlich _____

die Möglichkeit, -en _____

genau _____

übrigens _____

Danke gleichfalls! _____

alle _____

einschenken _____

4 Zum Detailverständnis

▶ **Sehen Sie sich den Filmabschnitt 2 noch einmal an, machen Sie Notizen, und beantworten Sie die Fragen.**

Zu Szene 1

a) Mit welchen Verkehrsmitteln sind Herr Lind und Frau Franke nach Lübeck gefahren?

_____

b) Was für Zimmer hat Herr Lind bestellt?

_____

c) Warum sagt Herr Lind: Anton, Richard, Berta?

_____

d) Was müssen die beiden Gäste ausfüllen?

_____

e) An welchem Wochentag spielt Szene 1?

_____

f) Wie war die Anreise der beiden Geschäftsleute aus Schweden?

_____

g) Welche Parkmöglichkeiten hat das Hotel?

_____

Zu Szene 2 und 3

h) Wie warm ist das Wasser im Hallenbad?	☐ 20	☐ 28	☐ 22 Grad
i) Frühstück gibt es ab:	☐ 7	☐ 6.30	☐ 8 Uhr
j) Frau Franke wohnt in Zimmer Nr.	☐ 413	☐ 512	☐ 513
k) Sie will geweckt werden um	☐ 7	☐ 7.30	☐ 8 Uhr
l) Herr Lind wohnt in Zimmer Nr.	☐ 512	☐ 513	☐ 523
m) Er will geweckt werden um	☐ 7	☐ 7.30	☐ 8 Uhr
n) Herr Lind und Frau Franke wollen am nächsten Tag in Hamburg sein um	☐ 9	☐ 10	☐ 8.30 Uhr.

Zu Szene 3:

o) Frau Franke hat ganz am Ende des Gesprächs noch einen besonderen Wunsch. Welchen?

_____

_____

Im Hotel

5 Verkehrsverbindungen

▶ **Schauen Sie auf der Karte nach, wo Kalmar in Schweden und Lübeck und Heiligenhafen in Norddeutschland liegen.**

a) Welche Verkehrsverbindungen bzw. Verkehrsmittel kann Herr Lind benutzen, um seine norddeutschen Geschäftspartner zu treffen?

b) Welche Vor- bzw. Nachteile haben die von Ihnen gefundenen Verkehrsmittel?

Denken sie dabei z. B. an Kosten, Flexibilität, Schnelligkeit etc.

c) Sie müssen von Ihrem Wohnort nach Lübeck fahren. Welche Verkehrsverbindung würden Sie benützen?

Verkehrsmittel	Vorteile	Nachteile	Kosten
Ergebnis:			

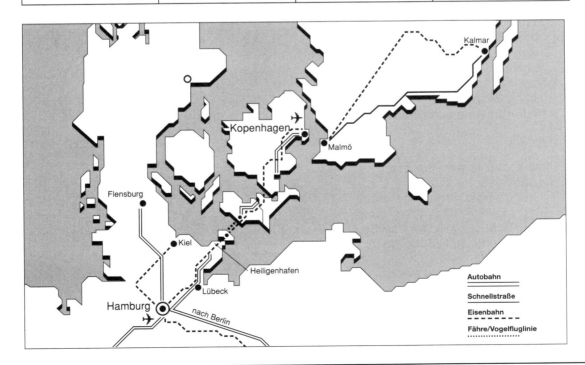

6 A ‚Wechselspiel' Hotelreservierung

▶ **Achtung: Die Übung besteht aus den
Seiten 30 und 31.**

**Ein Teilnehmer hat nur die Seite 30, der
andere nur Seite 31 vor sich. Führen Sie
mit Hilfe der verschiedenen Informationen ein Gespräch mit Ihrem Partner/
Ihrer Partnerin.**

Szene 1

Sie arbeiten in einem Hotel an der
Rezeption. Ein Gast kommt.
Ihr/e Partner/in ist der Gast.
Das Hotel ist ziemlich ausgebucht.
Sie haben noch frei:
- ein Doppelzimmer ohne Dusche
  für eine Nacht, Preis 85 DM;
- ein Dreibettzimmer mit Dusche,
  120 DM pro Nacht;
- zwei Einzelzimmer mit Dusche,
  65 DM pro Nacht pro Zimmer.

Szene 2

Es ist 23 Uhr. Sie kommen in ein Hotel
und hätten gern ein Einzelzimmer mit
Dusche, Toilette, Fernseher, Radio und
Telefon. Sie wollen zwei Nächte bleiben.
Alle anderen Hotels in der Stadt sind
belegt. Sie haben morgen früh eine
wichtige Besprechung in der Stadt.
Ihr/e Partner/in arbeitet im Hotel.

Szene 3

Sie arbeiten an der Rezeption.
Sie haben nur noch frei:
- ein Zweibettzimmer mit Dusche
  und Toilette, 110 DM pro Nacht;
- zwei Einzelzimmer mit Dusche
  und Toilette, 80 DM pro Nacht
  für jedes Zimmer.
Es ist spät abends, ein Gast
kommt. Ihr/e Partner/in ist der Gast.

Szene 4

Sie sind der Gast.
Sie haben in dem Hotel ein Zimmer für
den 15. Mai bestellt. Durch einen Fehler
ist das Zimmer aber erst für den 16. reserviert. Das Hotel hat kein Zimmer mehr frei.
Sie wollen insgesamt drei Tage bleiben.

Wenn Sie Spaß an noch mehr „Wechselspielen" haben, empfehlen wir Ihnen das Buch von Dreke/Lind: Wechselspiel.
Langenscheidt-Verlag, Berlin und München 1986

Im Hotel

6 B ‚Wechselspiel' Hotelreservierung

▶ **Achtung: Diese Übung besteht aus den Seiten 30 und 31.**

Ein Teilnehmer hat nur die Seite 30, der andere nur Seite 31 vor sich. Führen Sie mit Hilfe der verschiedenen Informationen ein Gespräch mit Ihrem Partner/ Ihrer Partnerin.

Szene 1

Sie kommen abends in ein Hotel. Ihr Mann/Ihre Frau wartet draußen im Wagen. Sie brauchen ein Doppelzimmer für zwei Nächte. Erkundigen Sie sich nach den Preisen und entscheiden Sie sich dann für ein Zimmer.
Ihr/e Partner/in arbeitet im Hotel.

Szene 2

Sie sind Empfangschef in einem Hotel. Sie haben nur noch eine Suite frei, die aber für morgen früh 11.00 Uhr für einen Minister reserviert ist. Die Suite kostet 240 DM pro Nacht. Spät abends kommt ein Gast.
Ihr/e Partner/in ist der Gast.

Szene 3

Sie kommen mit Ihrer Frau/Ihrem Mann und Ihrer 6jährigen Tochter spät abends in ein Hotel und hätten gern ein Dreibett-zimmer für zwei Nächte, gerne mit Bad und Toilette.
Ihr/e Partner/in arbeitet im Hotel.

Szene 4

Sie arbeiten an der Rezeption. Der Gast hatte ein Zimmer für den 15. Mai reserviert. Durch einen Fehler ist das Zimmer aber besetzt und erst am 16. frei.
Sie müssen dem Gast einen anderen Vorschlag machen, auf ein anderes Hotel verweisen.

7 Cross-Cultural-Training

 ▶ **Diskutieren Sie die nachfolgenden Punkte, nach Möglichkeit bitte auf deutsch!**

a) Herr Lind nimmt seine Sekretärin mit, die in Deutschland aufgewachsen ist. Welche Vor- und Nachteile kann das haben?

Vorteile	Nachteile

b) Frau Franke möchte, daß ihr Bruder auf der Rückfahrt vor Hamburg mit nach Lübeck fährt. Was halten Sie davon,

daß eine Privatperson auf einer Dienstreise mitkommt?

_____

_____

c) Das MARITIM-Golf- und -Sporthotel hat eine eigene Golfanlage.
Was glauben Sie:

Ist Golfspielen in der Bundesrepublik ein Volkssport?
Wie ist das in Ihrem Land?

_____

_____

d) In der Schwimmhalle des Hotels gibt es auch eine Sauna.
In der Bundesrepublik sind die Saunen oft „gemischt".

Was kann damit gemeint sein?
Sind „gemischte" Saunen in Ihrem Land üblich?

_____

_____

e) Sehen Sie sich noch einmal Szene 2 an. Beobachten Sie, wie einfach Herr Lind mit dem deutschen Badegast ins

Gespräch kommt.
Wie würden Sie den Badegast ansprechen?

_____

_____

▶ **Lesen Sie den Dialog der Szene 2, S. 25 noch einmal mit Ihrem Partner! Nehmen Sie dabei an, daß beide Herren aus der**

Möbelbranche kommen. Führen Sie das Gespräch frei weiter! . . .

C Zur Vertiefung

1 Das Freizeitprogramm des MARITIM-Hotels

MARITIM
GOLF & SPORTHOTEL
TIMMENDORFER STRAND

2408 Timmendorfer Strand · Telefon (0 45 03) 40 91 · Telex 2 61 433

F R E I Z E I T P R O G R A M M

FÜR UNSERE GÄSTE UND RESIDENZBEWOHNER

SAMSTAG

08.30 - 09.00 Uhr	Wassergymnastik
09.00 - 09.30 Uhr	Schlankheitstraining für Damen und Herren im Fitnessraum
12.00 Uhr	Waldlauf - Treffpunkt: Fitnessraum
18.00 - 19.00 Uhr	Fitnesstraining unter Anleitung

SONNTAG

08.30 Uhr	Wassergymnastik
09.00 - 09.30 Uhr	Schlankheitstraining für Damen und Herren im Fitnessraum
12.00 Uhr	Fußball mit Ahmed

Im Monat November unterhält Sie im Nightclub freitags und samstags unsere Disco.

WICHTIG: Wir möchten Sie darauf hinweisen, daß die Teilnahme bei allen Veranstaltungen auf eigene Gefahr erfolgt und die Haftung des Hotels ausgeschlossen ist.

Sehr verehrter Gast,

wir hoffen, daß Ihnen unser Unterhaltungsprogramm gefällt, und würden uns sehr über Ihre Teilnahme freuen.

Mit den besten Grüßen
Ihr **M A R I T I M**
Golf- und Sporthotel

Ihre Lissy Senzig

a) Haben Sie auf Geschäftsreisen Zeit für ein derartiges Programm?

_____

b) Welche Punkte sind interessant für Sie?

_____

c) Wozu würden Sie Ihren Geschäftspartner einladen?

_____

d) Welche weiteren Freizeitaktivitäten würden Sie Ihrem Geschäftspartner vorschlagen?

_____

e) In dem Absatz „WICHTIG" finden Sie den Hinweis, daß die „Haftung des Hotels ausgeschlossen ist". Was bedeutet das?

_____

2 Was bedeuten die folgenden Piktogramme?

▶ **Ordnen Sie zu! Service für die Gäste:**

Fernsehraum	Garten/Park		Bar	Sauna	Diskothek	Hallenbad
Spielplatz	Restaurant	Friseur	Café	Tischtennisraum	Videoraum
Leseraum	Sonnenterrasse	Tennisplatz	Souvenirladen	Information	Lounge

3 Verabredung für die Freizeit

▶ **Ihr Geschäftspartner fragt Sie im Hotel, welche gemeinsamen Aktivitäten man am freien Nachmittag/Abend unternehmen kann.**

- Was meinen Sie, sollen wir heute ....
- Hätten Sie Lust, heute mit mir ....
- .... ist noch frei. Da könnten wir doch ....
- Ja, warum nicht.
- Ja, gern.
- Ja, aber ich spiele nicht so gut ...
- Ja. Oder wollen wir nicht lieber ....
- Ich habe leider .... vergessen.
- Vielen Dank für die Einladung. /..., aber ich habe schon eine Verabredung.
- Das ist ein sehr freundliches Angebot. /..., aber ich möchte mich lieber etwas ausruhen. Die Reise war sehr anstrengend.
- Ja gut, dann treffen wir uns um .... Uhr in/am ....

Im Hotel   C

4 Das deutsche Buchstabier-Alphabet

▶ **Diktieren Sie sich bitte gegenseitig mit Hilfe der folgenden Buchstabiertafel:**

a) Ihre Namen und Ihre Adressen

_____

_____

b) fremde, nach Möglichkeit ungewöhnliche Namen und Adressen, z. B. aus dem
   Telefonbuch etc.

_____

_____

_____

_____

_____

_____

_____

A	Anton	I	Ida	R	Richard
Ä	Ärger	J	Julius	S	Siegfried
B	Berta	K	Kaufmann	Sch	Schule
C	Cäsar	L	Ludwig	T	Theodor
Ch	Charlotte	M	Martha	U	Ulrich
D	Dora	N	Nordpol	Ü	Übermut
E	Emil	O	Otto	V	Viktor
F	Friedrich	Ö	Ökonom	W	Wilhelm
G	Gustav	P	Paula	X	Xanthippe
H	Heinrich	Q	Quelle	Y	Ypsilon
				Z	Zacharias

D Ergänzende Übungen

1 Wie passen die folgenden Fragewörter in die Lücken?

welche – wann – warum – was – wie – wie – wie – wo – woher – wann

	Ü1	Ü2
a)		
b)		
c)		
d)		
e)		
f)		
g)		
h)		
i)		
j)		

a) _____ können wir uns treffen?

b) _____ wäre es mit 15.00 Uhr?

c) _____ ist die Postleitzahl von Heiligenhafen?

d) _____ Prospekte soll ich Ihnen schicken?

e) _____ ist heute für ein Datum?

f) _____ können wir unser Auto parken?

g) _____ warm ist das Wasser heute?

h) Ab _____ gibt es Frühstück?

i) _____ reicht nicht 07.30 Uhr?

j) _____ kommen Sie?

2 Welche Antworten passen zu den Fragen in Übung 1? Füllen Sie das obige Raster aus.
1 Heute ist der 25. Oktober.
2 2447.
3 In der Tiefgarage.
4 Am besten nächsten Freitag gegen 13.00 Uhr. Paßt Ihnen das?
5 Ab 07.00 Uhr.
6 Aus Hamburg? Wie interessant.
7 Wenn es geht, lieber etwas früher.
8 28 Grad.
9 Das wird zu spät. Die sind sehr pünktlich in dieser Firma.
10 Am besten über Ihr gesamtes Angebot.

3 Ordnen Sie bitte die folgenden Wörter so, daß sie sinnvolle Sätze ergeben.
a) in – Heiligenhafen – willkommen – ich – herzlich – Sie – heiße

_____

b) wünsche – ich – Aufenthalt – einen – Ihnen – angenehmen

_____

c) gleichfalls – danke

_____

d) Plätze – Entschuldigung – frei – die – sind – noch – zwei

_____

e) alle – der – ist – Verzeihung – Orangensaft

_____

f) ist – Service – wirklich – Ihr – ausgezeichnet

_____

g) Dank – uns – das – vielen – freut

_____

Im Hotel

4 Die Hotelgäste haben Fragen. Finden Sie bitte die passende Antwort.

1 Kann ich meine Rechnung mit der Kreditkarte bezahlen?

2 Können Sie mich morgen um 6.30 Uhr wecken?

3 Wo kann ich meinen Wagen parken?

4 Haben Sie einen Veranstaltungskalender von Lübeck?

5 Entschuldigung, ab wann gibt es Frühstück?

6 Wie hat es Ihnen geschmeckt?

7 Wo bekomme ich Ansichtskarten?

8 Wie lange ist die Schwimmhalle geöffnet?

9 Ist noch ein Konferenzraum frei?

10 Entschuldigung, der Fernseher auf Zimmer 514 ist kaputt.

A Danke, ausgezeichnet.

B Drüben am Kiosk.

C Ja, natürlich.

D Um halb sieben. Natürlich. Welche Zimmernummer haben Sie?

E Ich schicke sofort jemanden.

F Die sind leider alle besetzt.

G Ja, hier, bitte sehr.

H Von 6.00 Uhr bis 22.00 Uhr durchgehend.

I In unserer Tiefgarage.

J Ab 7.00 Uhr im Ostsee-Restaurant.

5 Füllen Sie bitte die Lücken aus.

> bestellt – empfehlen – vereinbaren – gebucht – Speisekarte – versalzen – anmelden – bleiben – außer Haus – ausfüllen

1 Ich möchte gern ein R-Gespräch nach London _____ .

2 Können wir einen Termin für nächste Woche _____ ?

3 Frau Dr. Müller ist leider _____ .

4 Ich hatte ein Doppelzimmer _____ .

5 Würden Sie bitte das Anmeldeformular _____ ?

6 Wie lange _____ Sie?

7 Ich hatte einen Tisch für vier Personen _____ .

8 Könnte ich bitte die _____ bekommen?

9 Welches Gericht können sie besonders _____ ?

10 Entschuldigen Sie, Herr Ober, aber die Suppe ist _____ .

6 In jeder der folgenden Zeilen ist mindestens ein Wort aus dem Bereich „Hotel" versteckt.

```
B A P X D E I N Z E L Z I M M E R T
E T B E S T E L L E N S I D X M A B
P A R K E N T E B S C H L Ü S S E L
D A U F E N T H A L T F R E I W A N
A B Ü B E R N A C H T U N G D E N B
T S F R Ü H S T Ü C K B W E C K E N
S P Ü N K T L I C H T E G E N A U T
N A C H T R U H E A N G E N E H M B
S M I T N E H M E N X A L L E Y N E
S O F O R T E D M B A R B G O L F P
```

7 Wie heißen die folgenden Sätze?

gutentagkannichbeiihneneinzimmerbestellenmöchtensieeineinzelzimmeroudereindoppelzimmer
eindoppelzimmerbittefürzweinächtedaszimmerhatduschewirhabenleidernurnochdoppelzimmer
mitbadfreijadasgehtauchübrigenswaskostetdaszimmerpronachteinhundertfünfzigmarkmitfrüh
stückderseeblickistgratismirwärendiebergelieberaberichnehmedaszimmertrotzdem

—FRAU BEIER, KÖNNTEN SIE FÜR MICH EIN EINZELZIMMER
IN LÜBECK BUCHEN? NACH MÖGLICHKEIT GEMÜTLICH,
TRADITIONS REICH, SUPER MODERN, RUSTIKAL MIT
MODERNEM ITALIENISCHEN DESIGN, RUHIGE LAGE MITTEN
IN ZENTRUM, GOLFPLATZ AM BAHNHOF ·····

In der Bank

A Zur Vorbereitung

1 Sie haben sicherlich Ihre Brieftasche oder Ihr Portemonnaie dabei. Schätzen Sie, wieviel Bargeld (Scheine und Münzen) Sie haben.

Wieviel D-Mark sind das ungefähr?

_____

Wechseln Sie Ihre Scheine nach der Kurstabelle um in
a) belgische Francs

_____

b) Gulden

_____

c) £

_____

d) Ihre Währung

_____

2 Wo tauschen Sie am günstigsten Devisen ein, wenn sie ins Ausland fahren: im Ausland oder zu Hause?

3 Bar oder unbar?
a) Welche anderen Zahlungsmöglichkeiten außer Barzahlung kennen Sie?

_____

_____

b) Welche verwenden Sie?

_____

_____

B Arbeit mit dem Video

1 Zum Globalverständnis

▶ **Sehen Sie sich den Filmabschnitt 3 an, und beantworten Sie die folgenden Fragen:**

a) Was hat Frau Franke in der Bank zu tun?

_____

b) Auf welche zwei Arten wechselt sie Geld?

_____

c) Über welche zwei weiteren Punkte informiert sie sich?

_____

_____

2 Filmtext

Ort:	DVK-Bank im Hamburger Hauptbahnhof
Personen:	Frau Franke (F)
	Bankangestellte (B)
Zeit:	26. Oktober
	gegen 13 Uhr

1 **F:** *Guten Tag!*
  B: *Guten Tag!*
  F: *Ich möchte gern Geld wechseln. 1.500 (Kronen). Nehmen Sie 500-er-Scheine?*
5 **B:** *Ja, die nehmen wir auch.*
    1500. Das sind 415 Mark und 50 Pfennig.
  F: *Wieviel, sagten Sie, waren das?*
    Vierhundert ...

  B: *415,50 DM. Möchten Sie Hunderter?*
10 **F:** *415. Geben Sie mir bitte drei Hunderter, und den Rest klein.*
  B: *Eins, zwei, dreihundert, fünfzig, vierhundert, zehn und fünf Mark fünfzig.*
  F: *Danke schön.*
15 **B:** *Und hier ist Ihre Quittung. Bitte.*
  F: *Danke sehr. Dann möchte ich auch noch*

In der Bank

An- und Verkauf von ausländischen Währungen und Reiseschecks
Bargeld gegen eurocheques und Kreditkarten

CHANGE EXCHANGE CAMBIO

Tel. (0 40) 30 80 04 75
7.30 – 22.00 h

Hamburg Hauptbahnhofs-Haupthalle
täglich / daily / tous les jours

Tel. (0 40) 30 80 04 80
7.30 – 15.00 h und 15.45 – 20.00 h

Hamburg Hauptbahnhof am Südsteg
werktags / weekdays / en semaine
sonntags / Sundays / dimanches

10.00 – 13.00 h und 13.45 – 18.00 h

Tel. (0 40) 3 90 37 70

Hamburg-Altona im Bahnhof
werktags / weekdays / en semaine
sonntags / Sundays / dimanches

7.30 – 15.00 h und 15.45 – 20.00 h
10.00 – 13.00 h und 13.45 – 18.00 h

Hamburg

REISEGELD FÜR ALLE WELT

Überreicht durch

DEUTSCHE VERKEHRS-KREDIT-BANK
DVKB – in großen Bahnhöfen, Flughäfen, an Autobahnen

Kurstabelle — Unverbindliche Richtkurse — 11. 6. 1990

Dänemark Krone DM 1,- = 3.68 dkr		Norwegen Krone DM 1,- = 3.70 nkr		Finnland Mark DM 1,- = 2.29 fmk		Schweden Krone DM 1,- = 3.50 skr	
dkr	DM	nkr	DM	fmk	DM	skr	DM
1	-,27	1	-,27	1	-,44	1	-,29
3	-,82	3	-,81	3	1,31	3	-,86
5	1,36	5	1,35	5	2,18	5	1,43
10	2,72	10	2,70	10	4,37	10	2,86
25	6,80	25	6,75	25	10,91	25	7,15
50	13,60	50	13,50	50	21,83	50	14,30
75	20,40	75	20,25	75	32,74	75	21,45
100	27,20	100	27,00	100	43,65	100	28,60
150	40,80	150	40,50	150	65,48	150	42,90
350	95,20	350	94,50	350	152,78	350	100,10
500	136,00	500	135,00	500	218,25	500	143,00
Einfuhr frei A dkr 50000		Einfuhr frei A nkr 5000		Einfuhr frei A fmk 10000		Einfuhr frei Ausfuhr frei	

E = Einfuhr / A = Ausfuhr von Bargeld in Landeswährung pro Pers.

– An- und Verkauf von ausländischen Währungen und Reiseschecks
– Bargeld gegen eurocheques und Kreditkarten

DVKB ...Bank
Deutsche Verkehrs-Kredit-Bank

in großen Bahnhöfen, Flughäfen, an Autobahnen

---

achthundert Mark auf die Firmenkarte, bitte.
(Überreicht die Firmen-Karte)

20 **B:** Achthundert Mark?

F: Achthundert, ja.

B: Möchten Sie Hunderter, auch ?

F: Nehme ich auch in Hundertern, ja, oder warten Sie, sechsmal Hundert und den Rest in

25 Fünfzigern, bitte.

B: Eins, zwei, drei, vier, fünf, sechshundert, fünfzig, sieben, fünfzig, achthundert Mark, bitte schön.

F: Ja, danke.

30 **B:** Ihre Karte.

F: Danke sehr. Sagen Sie:
Wie lange haben Sie geöffnet hier?

B: Wir haben jeden Tag von halb acht bis 22.00 Uhr geöffnet, . . .

35 **F:** Jeden Tag bis 22.00 Uhr?

B: Auch am Sonntag. Ja, ich geb Ihnen hier mal ein Kärtchen von uns mit, und noch eine Umrechnungstabelle.
(Überreicht eine Karte mit den Öffnungszei-

40 ten und die Umrechnungstabelle).

F: Ja, das ist sehr nett von Ihnen. Danke schön.

Ich habe aber noch eine Frage: Gibt es eine Apotheke hier auf dem Bahnhof?

45 **B:** Ja, wenn Sie hier die Treppe runter gehen, müssen Sie sich rechts halten, aus dem Bahnhof heraus und da ist gleich die Apotheke.

F: Treppe runter, rechts raus, aus dem Bahnhof raus?

50 **B:** Ja, aber ist im Grunde genommen im Bahnhofsgebäude drin, nur daß Sie halt von draußen reingehen.

F: Gut, werde ich schon finden. Herzlichen Dank. Auf Wiedersehen.

B: Bitte schön. Auf Wiedersehen.

Filmtext 3

3 Zum Detailverständnis

▶ **Sehen Sie sich den Filmabschnitt 3 noch einmal an, machen Sie Notizen, und beantworten Sie die Fragen.**

a) Wie heißt die Bank im Film?

_____

b) Wieviel Kronen will Frau Franke eintauschen?

_____

c) Wieviel D-Mark bekommt sie dafür?

_____

d) Wieviel Hunderter möchte sie haben?

_____

e) Warum will Frau Franke zweimal Geld wechseln?

_____

_____

f) Wie wird der D-Mark-Betrag diesmal aufgeteilt?

_____

_____

g) Wie lange hat die Bank täglich geöffnet?

_____

h) Wohin will Frau Franke nach ihrem Besuch am Bankschalter?

_____

▶ **Beschreiben Sie den Weg zur Apotheke.**

Zuerst muß …_____

_____

_____

_____

In der Bank

4 Wortschatz

▶ **Erklären Sie die folgenden Begriffe in Ihrer Muttersprache aus dem Zusammenhang des Textes.**

die Kurstabelle, -n	_____
unverbindlich	_____
die Währung, -en	_____
der Ankauf, ⸚e	_____
der Verkauf, ⸚e	_____
das Bargeld, 0	_____
die Kreditkarte, -n	_____
die Angestellte, -n	_____
wechseln	_____
der Schein, -e	_____
überreichen	_____
ausrechnen	_____
der Betrag, ⸚e	_____
der Hunderter, – *1)	_____
die Quittung, -en	_____
die Firmenkarte, -n	_____
der Fünfziger, – *2)	_____
geöffnet	_____
das Kärtchen, –	_____
die Umrechnungstabelle, -n	_____
gleich	_____
im Grunde genommen	_____
das Gebäude, –	_____
drin	_____
draußen	_____

*1) und *2) Umgangssprachlich für „der Hundertmarkschein" bzw. „der Fünfzigmarkschein"

5 Assoziogramm: Bank

▶ **Eine Bank bietet verschiedene Dienst-leistungen an, z. B. Geldwechseln.**   **Welche weiteren Bankdienstleistungen kennen Sie? Ergänzen Sie das Assozio-gramm.**

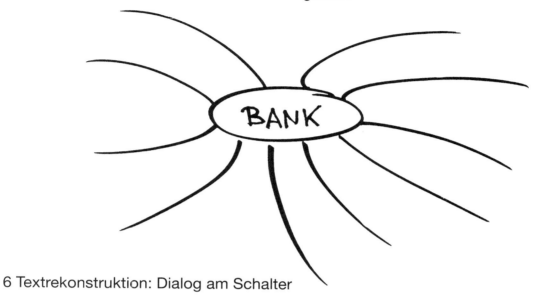

6 Textrekonstruktion: Dialog am Schalter

▶ **Ordnen Sie bitte die Wörter in jeder Zeile so an, daß ein sinnvoller Dialog entsteht.**

A: 1.000 – möchte – für – D-Mark – ich – eintauschen – Dollar

_____

B: D-Mark – sind – das – Hunderter – 1.732 – Sie – möchten (2 Sätze!)

_____

A: Fünfhunderter – den – Hunderter – Rest – zwei – und

_____

A: lange – übrigens – geöffnet – wie – Sie – haben

_____

B: von – täglich – 22.00 Uhr – bis – halb acht

_____

A: Apotheke – übrigens – es – im – Bahnhof – gibt – eine

_____

B: nicht – der – leider – nein – aber – in – Goethestraße (2 Sätze!)

_____

In der Bank

7 Cross Cultural Training

Im Filmdialog sprechen die Bankangestellte und Frau Franke über die Öffnungszeiten der Bank im Hamburger Hauptbahnhof.
Auf dem „Kärtchen" mit den Öffnungszeiten (siehe S. 41) finden Sie die Öffnungszeiten von zwei weiteren DVK-Bank-Filialen in Hamburger Bahnhöfen.

▶ **a) Üben Sie in zwei kurzen Rollenspielen die Öffnungszeiten dieser Filialen.**
z. B.:
A: Wie lange haben Sie geöffnet?
B: Werktags haben wir von . . . bis . . . geöffnet.
A: Von . . . bis . . .?
B: Ja. Und sonntags von . . . bis . . . .
A: . . .

▶**b)** Die Öffnungszeiten der DVK-Bank im Hamburger Hauptbahnhof sind ungewöhnlich lang.
Kennen Sie die „normalen" Öffnungszeiten der Banken und Sparkassen in den deutschsprachigen Ländern?

▶ **c) Vergleichen Sie mit den Öffnungszeiten in Ihrem Land.**

▶ **d) Welche Währungen und Länder gehören zusammen?**

a	Franken	a	
b	Gulden	b	
c	Schilling	c	
d	Dollar	d	
e	Rubel	e	
f	Lire	f	
g	Franc	g	
h	Forint	h	
i	Escudos	i	
j	D-Mark	j	
k	Peseten	k	
l	Dinar	l	
m	Drachmen	m	

1 Frankreich
2 Jugoslawien
3 Portugal
4 Ungarn
5 Italien
6 Spanien
7 Sowjetunion
8 Griechenland
9 BR Deutschland
10 USA
11 Schweiz
12 Österreich
13 Niederlande

Machen Sie bitte weiter mit eigenen Beispielen.

C Zur Vertiefung

DER SPIEGEL.

C 7007 C
Nr. 49
41. Jahrgang ·
30. November

Hacken statt knacken – Bankraub à la carte

Risiko für zwanzig Millionen Bankkunden: Schwindel mit Eurocheque-Karten

Banker reden nicht gerne darüber: Bankräuber neuen Typs plündern Tag für Tag mit gestohlenen und verfälschten Eurocheque-Karten, per Geldautomat, die Konten argloser Kunden. Schon fürchten Fachleute, daß es einer Computer-Mafia gelingt, den geheimen Karten-Kode zu entschlüsseln – auf einen Schlag ließen sich bundesweit aber Millionen Mark erbeuten, die möglichen Folgen reichen „bis zur Systembedrohung".

Verblüfft sah sich der Universalschleifer Ralf Steynen, 22, immer wieder die Kontoauszüge 44 bis 46 an. Die 18 Positionen auf den drei Bankzetteln lauteten alle gleich: „Geldautomat".

Innerhalb einer Woche waren an drei verschiedenen elektronischen Zahlstellen in Köln insgesamt 9200 Mark abgehoben worden – allerdings, beteuert Steynen, nicht von ihm.

Er hatte seine Eurocheque-Karte, die den Bargeld-Bezug aus Automaten ermöglicht, auch weder verlegt noch verloren, sondern „stets bei mir gehabt". Daß ein Dieb mit Steynens Karte abkassiert hat, sei mithin ebenfalls ausgeschlossen.

Steynen ist die Sache schleierhaft, er hat „gar keine Erklärung, wie das passieren kann". Dagegen hatte die Stadtsparkasse Köln, bei der Steynen ein Girokonto unterhält, sofort ihre Version parat: Nur der Kontoinhaber selbst oder jemand aus seinem „privaten Bereich" sei imstande, mit der Plastikkarte und der geheimen „Persönlichen Identifikations-Nummer" (PIN) die Automaten anzuzapfen.

Tatsächlich kommt es schon mal vor, daß einer seine Kontoüberziehung zu kaschieren versucht, indem er einfach behauptet, ein Fremder müsse sich seiner Karte bedient haben. Doch die Gewißheit, mit der die Stadtsparkasse im Fall Steynen den vermeintlichen Täter ortete, ist brüchig geworden.

Noch kecker als die Kölner Kartenpiraten gingen Betrüger in Braunschweig, Wolfsburg und Bremervörde ans Werk. Als Kartenfalle benutzten sie ein selbstgebasteltes Kästchen, von dem die Bankkunden glaubten, es handle sich um eine Vorrichtung zum Öffnen der Foyertüren, hinter denen sich die Automaten befanden.

Die Täter schraubten zunächst die Platte mit dem Schlitz für die EC-Karte ab. An der freigelegten Stelle befestigten sie ihr eigenes Gerät, das neben einer Öffnung für die Karte auch eine Tastatur für die PIN-Eingabe enthielt.

Der Zusatzapparat ließ vier verschiedene Lämpchen aufleuchten. Das erste befahl: „Karte einführen", dann signalisierte das zweite: „Geheimzahl eingeben" – die Kunden gehorchten brav.

Schadenssumme wird gehütet wie das Bankgeheimnis

obschon, wie Banken-Sprecher später betonten, „an den Türen niemals die PIN abgefragt" wird. Nach dem dritten Lämpchen („Eingabe bestätigen") flackerte die Anzeige „Technischer Fehler" auf, der sich auch mittels „Korrektur"-Taste nicht beheben ließ.

Als sich weder die Tür öffnete, noch der tückische Mechanismus die Scheckkarte wieder herausrückte, machten sich die immer noch vertrauensseligen Kunden auf den Weg zu einer Fernsprechzelle. Die Telephonnummer, die für den Fall eines Defekts auf dem Gerät angegeben war, erwies sich natürlich als frei erfunden. Unterdessen bauten die Ganoven ihre Trickbox samt Inhalt ab. Mit den erbeuteten Eurocheque-Karten wurden in den folgenden Wochen quer durch die Republik Automaten ausgeräumt.

Und: Der vierstellige PIN-Kode, der Schlüssel zum elektronischen Safe, läßt sich mit diversen Tricks auskundschaften – ohne daß der Kartenbesitzer die Preisgabe der vertraulichen Zahlenkombination bemerkt.

Banker sprechen nicht gern darüber, doch schon vergeht kaum ein Tag ohne ein Dutzend oder mehr Fälle von elektronischem Banküberfall. Allein in Hamburg registriert die Kripo, so Hauptkommissar Günter Heerdt, einschließlich vorgetäuschter Straftaten „je Arbeitstag durchschnittlich einen Fall mißbräuchlicher Scheckkarten-Benutzung".

In der Bank

1 Pro und Contra Kreditkarten

▶ **Lesen Sie bitte den SPIEGEL-Artikel auf S. 46 und kreuzen Sie an, ob die folgenden Behauptungen richtig oder falsch sind.**

	richtig	falsch
a) Auf den Kontoauszügen Nr. 44–46 von Herrn Steynen waren 18 Auszahlungen verbucht worden.		
b) Herr Steynen hatte innerhalb einer Woche insgesamt 9.200 DM abgehoben.		
c) Die Stadtsparkasse Köln meint, daß Herr Steynen sein Konto selbst überzogen hat.		
d) EC-Karten-Betrüger kommen hauptsächlich aus Braunschweig, Wolfsburg und Bremervörde.		
e) Der „falsche" Zusatzapparat gab vier verschiedene Informationen.		
f) Viele EC-Karten-Inhaber waren naiv und riefen eine falsche Telefon-nummer an.		
g) Der vierstellige PIN-Code ist gegen Mißbrauch geschützt.		
h) Jeden Tag werden in der Bundesrepublik mindestens zwölf „elektronische" Banküberfälle begangen.		

2 PRO UND CONTRA

▶ **Teilen Sie sich in zwei Gruppen auf, und sammeln Sie in der einen Gruppe Argumente für, in der anderen gegen eine steigende Verwendung von „Plastikgeld" (Kreditkarten, Bargeldkarten, Tankkarten etc.). Alle müssen die entsprechenden Argumente mit-schreiben, denn nun sollen Sie in Partnerarbeit – je ein Teilnehmer aus der PRO- und CONTRA-Gruppe – Ihre Argumente diskutieren.**

PRO	CONTRA

D Ergänzende Übungen

1 Bank – ABC

▶ a) **Zerlegen Sie die Wörter nach folgendem Beispiel:**
   Bankgebäude = die Bank, das Gebäude
   Arbeiten Sie mit dem Wörterbuch!

▶ b) **Was bedeuten die Wörter in Ihrer Muttersprache?**

die Aktiengesellschaft, -en	
das Bankgeheimnis, -se	
die Clearingstelle, -n	
das Devisentermingeschäft, -e	
die Exportfinanzierung, -en	
das Fremdkapital, 0	
der Geldausgabeautomat, -en	
die Hartwährungsländer (Pl.)	
die Industrieobligation, -en	
die Kapitalerhöhung, -en	
der Lieferantenkredit, -e	
die Mindestreserve, -n	
das Nummernkontc, -en	
das Optionsgeschäft, -e	
das Preisverzeichnis, -se	
die Quellensteuer, -n	
der Reisescheck, -s	
die Sollzinsen (Pl.)	
der Teilzahlungskredit, -e	
das Umlaufvermögen, -	
die Verzugszinsen (Pl.)	
die Wertpapierbörse, -n	
die Zahlungsbilanz, -en	

In der Bank

Wortschatzübungen

**2 Welche Wörter oder Ausdrücke passen nicht in die Reihe?
Diskutieren Sie Ihre Lösung, nach Möglichkeit auf deutsch.**

Mark – Kronen – Schilling – Rappen – Dollar – Gulden

OECD – EG – NATO – GATT – COMECON – EFTA

Zollamt – Zolltarif – Zollinhaltserklärung – Zollstock

Geschäftsbank – Hausbank – Sandbank – Hypothekenbank

Geldbörse – Warenbörse – Wertbapierbörse – Devisenbörse

Hbf – LH – LKW – IC – PKW – UKW

Euroscheck – Lehrgeld – Kleingeld – Hartgeld – Hunderter

Scheckkarte – Kreditkarte – Autokarte – EC-Karte – Bargeldkarte

Einzelzimmer – Suite – Doppelzimmer – Badezimmer

Frühstück – Dessert – Abendessen – Mittagessen

Omelett – Bratwurst – Sekt – Hirschragout – Forelle blau

EDV – Computer – kg – Desktop Publishing – KB

Mitteilung – Neugier – Nachricht – Neuigkeit – Information

vergessen – gestern – übermorgen – vorgestern – heute – morgen

Apotheke – Drogerie – Bäckerei – Theke – Friseur

zweiunddreißig – vierundsechzig – einhundertachtundzwanzig –
zweihundertsechsundvierzig – fünfhundertzwölf

**3 Finden Sie bitte selbst in Kleingruppenarbeit weitere Beispiele,
die Sie dann anderen Kursteilnehmern als Aufgabe geben.**

_____

_____

_____

_____

_____

4 Wie heißen die folgenden Sätze?

diebilanzistdiekunstdaswirtschaftlicheresultateines
geschäftsjahressozupräsentierendaßdiebankeinengutеneindruck
hatundweiterhinkreditegibtdasfinanzamthataberbeieinerguten
bilanzwenigmöglichkeitendengewinnzubesteuern

5 **Der Kursleiter schreibt ein möglichst langes Fachwort an die Tafel. Die Teilnehmer rufen passende Wörter zu, wobei der erste Buchstabe des zugerufenen Wortes der nächste Buchstabe vom Wort an der Tafel sein muß.**

Diese Übung läßt sich auch leicht als Wettkampf organisieren.

z. B.: Wort an der Tafel: Zahlungsbilanz

Wörter der Teilnehmer: Zinsen, Ausverkauf, . . .

```
Z A H L U N G S B I L A N Z
i   u   ·
n   s   ·
s   v   ·
e   e   ·
n   r   ·
    k
    a
    u
    f
```

6 **Wie lautet das entsprechende Gegenteil?**

a) einzahlen	1 Verbindlichkeit	a
b) Gutschrift	2 Schuldner	b
c) Soll	3 Negativsaldo	c
d) bar	4 auszahlen	d
e) Aktiva	5 Lastschrift	e
f) Gläubiger	6 Ausfuhr	f
g) Forderung	7 Haben	g
h) Guthaben	8 löschen	h
i) Einfuhr	9 bargeldlos	i
j) eintragen	10 Passiva	j

7 **Was paßt zusammen?**

Hinweis: Es gibt manchmal mehr als eine Lösung!

a) einen Scheck kann man	a	1 überweisen
b) vom Sparbuch kann man Geld	b	2 eintauschen
c) vom Konto kann man Geld	c	3 abheben
d) ausländische Währung kann man	d	4 auszahlen lassen
e) Bargeld kann man sich an der Kasse	e	5 einlösen
f) Dokumente und Wertpapiere kann man	f	6 in ein Depot/einen Safe geben

Auf der Autobahn

A *Zur Vorbereitung*

▶ **Wie begrüßt man sich in Ihrem Land?**

   a) bei geschäftlichen Treffen:

   _____

   _____

   b) privat:

   _____

   _____

▶ **Sie treffen sich mit Geschäftspartnern: Was bieten Sie an? Getränke, Essen?**

   _____

   _____

▶ **Ein typisches Gesprächsthema nach der Begrüßung ist z. B. das Wetter.**

   Welche weiteren Themen kennen Sie bzw. sind in Ihrem Land üblich?

   _____

   _____

   _____

   _____

   _____

   _____

B Arbeit mit dem Video

1 Zum Globalverständnis

▶ **Sehen Sie sich den Filmabschnitt 4 an, und beantworten Sie dann die folgenden Fragen:**

a) Aus welchen Einzelszenen besteht Abschnitt 4?
b) Welche Personen kommen in den einzelnen Szenen vor?
   Welche Person ist mit dabei, ohne daß man sie sieht?

Szene	Titel	Personen
1	Begrüßung am Bahnhof	Herr Lind, Frau Franke, Herr Franke
2		
.		
.		
.		

c) Wie ist das Wetter während der Autobahnfahrt? _____

d) Was hatten Herr Lind und Frau Franke in Hamburg zu tun? _____

e) Wie begrüßt Herr Jung seine Gäste? _____

2 Filmtext

Ort: Auf der Autobahn
Hamburg-Lübeck
Personen: Frau Franke (F)
Karsten Franke (K)
Herr Lind (L)
Zeit: 26. Oktober
gegen 16 Uhr

1 *F: Karsten, hallo, wie geht's dir?*
   K: Hallo, grüß dich. Gut, danke.
   F: Das ist also mein Bruder, Karsten Franke.
   Mein Chef, Herr Lind.
5 *L: Freut mich. Guten Tag, Herr Franke.*

Auf der Autobahn

K: *Guten Tag, Herr Lind. Angenehm.*
L: *Dann fahren wir.*
Auf der Autobahn
L: *Sie sind eine große Familie, Herr Franke.*
10 K: *Ja, wir sind sieben Geschwister, ich bin der jüngste.*
L: *Ja, Moment, jetzt kommen Verkehrsmeldungen.*
(Durchsage im Radio): Hamburg, Autobahn
15 *255, Zweig Veddel und Autobahn 1, stadteinwärts vor den Elbbrücken, sieben Kilometer Stau bis Stillhorn.*
F: *Ach, aber weißt du, Verkehrsmeldungen, wir brauchen eigentlich keine Angst zu haben,*
20 *der Herr Lind, der fährt immer sehr vorsichtig. Aber man kann ja nie wissen, auf deutschen Autobahnen, was da passieren kann.*
K: *Ja, es gibt auch immer mehr Autos jetzt.*
F: *Ja, genau.*
25 L: *Aber bei diesem Wetter muß man langsam fahren.*
F: *Ja, ich habe jetzt gerade die neuesten Verkehrsstatistiken gelesen in einer deutschen Zeitung vor ein paar Tagen, 23 Tote täglich*
30 *auf Deutschlands Straßen.*
K: *Ja, aber guck mal, wie dicht die Leute auch auffahren, das ist kein Wunder. Wir sind das einzig(st*)e Land in Europa ohne Geschwindigkeitsbegrenzung.*
35 F: *Ach tatsächlich? Ja, aber weißt du, ihr habt ja 130 Richtgeschwindigkeit hier in Deutsch-*

land, ich möchte mal wissen, wer sich daran hält, wieviel Prozent das sind.
K: *Ja, das möcht' ich auch mal wissen. Du sag*
40 *mal, wie ist euer Auftrag eigentlich gelaufen?*
F: *Ach der Auftrag, den haben wir gekriegt, der ist unter Dach und Fach. Ach du, Karsten, das muß ich dir erzählen, das hast du noch nicht gesehen, wie das da war, das war also*
45 *so'ne alte, alteingesessene, traditionsbewußte Hamburger, hanseatische Kaufmannsfamilie. Alles piekfein. Das Büro: tolle Möbel, Antiquitäten überall, und dann der Herr Konsul – Herr Konsul, nicht zu vergessen –*
50 *im Nadelstreifenanzug . . .*
K: *Du weißt ja, in Hamburg kann man jede Anzugfarbe tragen als Geschäftsmann, Hauptsache blau. (Allgemeines Lachen)*
F: *Das ist gut. Den kannte ich noch nicht, den*
55 *Witz. Ach du, das von der Vorzimmerdame, das muß ich dir aber auch noch erzählen. Die war ja genauso, nicht, elegant, vornehm, Schneiderkostüm an, und dann so der Typ, du weißt was ich meine, sie s-tolperte ein*
60 *bißchen über einen s-spitzen S-tein, neech? Du weißt, was ich meine . . .*
L: *Aber den Auftrag müssen wir sofort bestätigen, schriftlich, wenn wir nach Hause kommen.*
65 F: *Ja, das dürfen wir nicht vergessen, das ist sehr wichtig.*

Drei Tage später . . .
J: *Jung. Guten Tag.*
F: *Guten Tag.*
J: *Sie müssen Herr Lind sein.*
70 L: *Richtig. Guten Tag. Meine Mitarbeiterin, Frau Franke.*
J: *Guten Tag, Frau Franke, das klingt richtig deutsch.*
F: *Ja, ich bin vor einigen Jahren*
75 *ausgewandert.*
J: *Daher.*
L: *Entschuldigen Sie uns, daß wir ein bißchen verspätet sind. Wir haben schlechtes Wetter ge-*
80 *habt und übrigens war es*) dichter Verkehr auf der Autobahn.*

L: Das macht gar nichts. Für solch eine kleine
Verspätung habe ich immer Verständnis. Ich
bin selbst viel auf Reisen und weiß, bei solch
85 *einer Witterung, da kann man seine Termine*
nicht einhalten. Ich weiß auch, wie das ist.
Ich nehme an, daß Sie jetzt Kaffeedurst ha-
ben. Ich habe das vorbereiten lassen. Ich darf
Sie bitten, mir zu folgen. Wir gehen da hin-
90 *über. Kommen Sie bitte mit.*

Ort:	Heiligenhafen
Personen:	Frau Franke (F)
	Herr Jung (J)
	Herr Lind (L)
Zeit:	29. Oktober
	gegen 16 Uhr

(Im Besprechungszimmer)

J: So, jetzt kommt erst einmal der versprochene
Kaffee. Ich muß das nun heute alles selber
machen, denn meine Sekretärin hatte einen
dringenden Termin, den sie nicht mehr absa-
95 *gen konnte und aufgrund Ihrer kleinen Ver-*
spätung war es ihr also nicht mehr möglich,
hier noch länger zu bleiben. So, Milch und
Zucker ... Dann nehmen wir die Kaffeekan-
ne hier mal rüber, dann haben wir etwas
100 *mehr Platz. Ich hoffe, daß der Kaffee noch*
warm ist, und daß er Ihre Lebensgeister er-
frischen möge. Prost Kaffee!

L: Prost!

F: Ja, das schmeckt gut.

105 *J: Ja, ich finde auch, Kaffee kann man nach ei-*
ner Reise immer gebrauchen.

L: So, Herr Jung, hier ist meine Karte.

J: Vielen Dank, Herr Lind. Dann gebe ich Ih-
nen mal (...), dann bekommen Sie meine.
110 *Wir haben ja schon Telefonnummern. Nun*
haben wir auch Telex und Telefax. Und sollte
dann mal wieder etwas dazwischen kommen,
können wir uns etwas leichter verständigen.
Ich hoffe, Sie hatten eine angenehme Anreise,
115 *abgesehen von der kleinen Panne, die Sie*
schon am Eingang erwähnt hatten.

L: Ja, natürlich. Wir haben einen schönen, an-
genehmen Flug gehabt. Aber letztes Mal, als
wir mit der Fähre kamen, war sie aber leider
120 *voll, und einige Passagiere auch.*

(Allgemeines Lachen)

Auf der Autobahn

3 Wortschatz

▶ **Erklären Sie die folgenden Begriffe in Ihrer Muttersprache aus dem Zusammenhang des Textes!**

(Das) freut mich!

angenehm

die Geschwister (Pl.)

die Verkehrsmeldung, -en

stadteinwärts

der Stau, -s

passieren

dicht

genau

auffahren

die Geschwindigkeitsbegrenzung, -en

tatsächlich?

die Richtgeschwindigkeit, -en

der Auftrag, ¨e

kriegen

unter Dach und Fach

alteingesessen

traditionsbewußt

der Nadelstreifenanzug, ¨e

die Hauptsache, 0

die Vorzimmerdame, -n

bestätigen

auswandern

die Verspätung, -en

das Verständnis, 0

die Witterung, -en

vorbereiten

dringend

absagen

sich verständigen

die Panne, -n

4 Zum Detailverständnis

▶ **Sehen Sie sich den Filmabschnitt 4
noch einmal an, machen Sie Notizen,
und beantworten Sie die Fragen,
möglichst in Partnerarbeit.**

a) Wer ist Herr Franke?

_____

b) Wie unterscheidet sich die Begrüßung
zwischen Herrn und Frau Franke einerseits und zwischen Herrn Franke und
Herrn Lind andererseits?

_____

_____

c) Was sagt Herr Franke über seine
Familie?

_____

d) Über was informieren die Verkehrsmeldungen?

_____

e) Wie viele Menschen sterben täglich auf
bundesdeutschen Straßen?

_____

f) Welche Geschwindigkeitsbegrenzung
gibt es 1990 auf bundesdeutschen
Autobahnen?

_____

g) Wie hoch ist die Richtgeschwindigkeit?

_____

h) Welches Resultat hat die Besprechung
in Hamburg gehabt?

_____

i) Was muß Herr Lind sofort nach
seiner Rückkehr machen?

_____

j) Welche Anzugfarbe „bevorzugen"
Hamburger Geschäftsleute?

_____

Zur Information: **Die Hanse**
Die ‚Hanse' war ein Zusam-
menschluß von meist deut-
schen Kaufleuten und Handels-
städten an der Nord- und Ostseeküste zwischen ca. 1260 bis
1669. Das Wort ‚hanseatsch'
bezeichnet heute meist cie vor-
nehme Bürgerschicht in den
drei Hansestädten Hamburg,
Bremen und Lübeck. Auch
nach dem Untergang der Hanse spielen aber die traditons-
reichen Handelsbeziehungen
weiterhin eine große Rolle im
Wirtschaftsleben für die Kü-
stenstädte und im Bewußtsein
der dortigen Bürger.

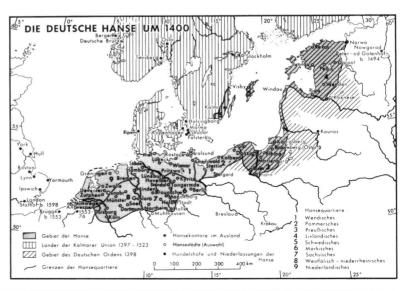

Auf der Autobahn

5 Cross Cultural Training 1: Aus dem „Knigge"*[1]

▶ **Diskutieren Sie bitte die folgenden Punkte, nach Möglichkeit auf deutsch.**

a) Vor der Abfahrt aus Hamburg stellt Frau Franke ihren Bruder vor. Welche Formulierungen kann man bei einer Vorstellung verwenden?

_____

_____

_____

_____

b) Verhalten sich alle drei Personen bei der Vorstellung korrekt?

_____

_____

c) Was halten Sie davon, daß sich die schwedischen Geschäftsleute bei ihrem ersten Besuch in Heiligenhafen verspäten?

d) Wie beurteilen Sie Herrn Jungs Reaktion auf die Verspätung?

e) Frau Franke sagte, daß die Hamburger Kaufmannsfamilie „piekfein"*[2] war, und sie nannte dafür auch Beispiele.

_____

_____

_____

Was gilt in Ihrem Land als „piekfein"?

_____

_____

_____

_____

f) Herr Jung serviert seinen Gästen den Kaffee selbst. Wäre das in Ihrem Land möglich?

g) Herr Lind erzählt am Ende der Begrüßungsszene einen Witz. Finden Sie das in Ordnung oder verstößt das gegen die guten Geschäftssitten?

6 Verkehrsmeldungen und Verkehrsverhältnisse

a) In der Bundesrepublik kommen im dritten Rundfunkprogramm mindestens stündlich Verkehrsmeldungen. Warum ist das wohl notwendig? Wie ist das in Ihrem Land?

b) Vergleichen Sie die bundesdeutschen Verkehrsverhältnisse mit denen in Ihrem Land.

c) Wie sind die Geschwindigkeitsbeschränkungen in Ihrem Land? (in km/h, Stand: 1990)

	Stadt	Landstr.	Schnellstr.	Autobahn
BRD	50	100	100	keine
Ihr Land				

---

*[1] Adolph Freiherr von Knigge verfaßte 1788 eine Sammlung von praktischen Lebensregeln ‚Über den Umgang mit Menschen', die zum Teil bis heute den gesellschaftlichen Umgang in Deutschland beeinflussen, heute aber freier interpretiert werden.

*[2] „piekfein": umgangssprachlich für exklusiv und ausgesucht, z.T. kann man damit auch extravagante Personen und Ausstattungen bezeichnen. Je nach Zusammenhang kann das Wort auch „kühl" und „distanziert" bedeuten.

7 Rollenspiel: Begrüßung

▶ **Sie befinden sich auf einem Empfang bei einer internationalen Konferenz mit dem Thema „Autoverkehr und Umwelt". Stellen Sie Rollenkarten mit folgenden frei erfundenen Angaben her:**

Name/Titel
Beruf/Branche
Firma
Adresse

▶ **Tauschen Sie dann die Karten in Ihrer Gruppe aus. Stehen Sie auf, gehen Sie aufeinander zu, stellen Sie sich vor, und kommen Sie miteinander ins Gespräch!**

- Guten Tag, mein Name ist ...
- Gestatten, Meier, Firma Klöckner, ...
- Darf ich mich vorstellen, mein Name ist ...
- Darf Ich Ihnen Frau Seifried vorstellen.
- Guten Tag, Meier! ⊂ Angenehm, Lind.
- Darf ich bekannt machen, das ist Frau Professor Nölle! Herr Professor Schering.
- Ich komme von der Firma Arborum, Marketing-Abteilung.
- Mein Name ist Seebauer, ich bin für die Werbung in unserer Firma zuständig/verantwortlich.
- Darf ich Ihnen meine (Visiten-)Karte überreichen?

Henrik Lind
General Manager
ARBORUM

Box 1111
S-392 34 Kalmar

Telefon: 0480 – 254 76
Telefax: 0480 – 254 90

8 Rollenspiel: Entschuldigung

- Entschuldigen Sie bitte die Verspätung, aber ich . . .
- Entschuldigen Sie, daß ich mich verspätet habe, . . .
- Tut mir leid, daß ich erst jetzt kommen kann.
- Leider konnte ich n cht früher kommen, da ...

a) Wie verhalten Sie sich als Autofahrer bei schlechtem Wetter auf dem Weg zu einer wichtigen geschäftlichen Besprechung?

b) Wenn jemand zu spät kommt, welche Gründe sind

akzeptabel	nicht akzeptabel?

Auf der Autobahn

9 Der Reiseverlauf

▶ **Skizzieren Sie noch einmal mit Hilfe des Terminkalenders den bisherigen Reiseverlauf der schwedischen Geschäftsleute.**
Dabei gibt es zwei freie Tage zwischen den Besprechungen in Hamburg und Heiligenhafen.
Welche Programmpunkte können auf einer Geschäftsreise in der Zwischenzeit noch möglich sein?

Mo 24.	Di 25.	Mi 26.	Do 27.	Fr 28.	Sa 29.10.

10 Geschäfts- und/oder Kulturreise?

Viele Geschäftsreisen ins Ausland werden so geplant, daß der gesamte Aufenthalt für Treffen und Besprechungen ausgenutzt wird. Derartige Reisen verursachen oft Streß und Hektik. Deshalb wurde in einer Managerzeitschrift empfohlen, bei Geschäftsreisen ins Ausland grundsätzlich ein oder zwei Tage einzuplanen, die nur für kulturelle Veranstaltungen vorgesehen sind.

a) **Was halten Sie von diesem Vorschlag?**
b) **Wie laufen in Ihrem Land derartige Geschäftsreisen ab?**

Munich Weekend Key

Übernacht. Overnights	1			2		
Standard	99	158	228	164	248	354
	90	140	207	146	212	312
Comfort	135	200	270	237	332	438
	123	178	252	212	290	402
Comfort a	158	230	309	282	394	516
	141	208	288	248	348	474
Comfort b	175	266	351	316	466	600
	160	238	321	286	408	540
Luxus	208	298	396	382	528	693
	177	268	369	320	470	639

The Weekend Key Package includes:
1. Hotel room and breakfast in the hotel category required.
2. A booklet with coupons for a city sightseeing tour, or an MVV tourist ticket (valid on the whole public transport network in Munich for 48 hours), or an excursion to the country at a reduced rate * Elevator ride up the Olympic Tower * Admission to Hellabrunn Zoo * Admission to various museums. Additional vouchers entitling you to reductions on, for example ...
* the Bavaria Film Tour (with the studio-express through Germany's film city, Bavaria Studio, Geiselgasteig)
* admission to "Platzl" (Bavarian folk theatre)
* admission to the political cabaret "Munich Rationaltheater"
* admission to Federal League soccer games (advance booking of tickets not possible)

* guided tours through the sports facilities of the Olympic Park
* use of the Olympic Indoor Swimming Pool

11 Cross Cultural Training 2

▶ **Sehen Sie sich den Film noch einmal an und achten Sie dabei besonders auf den Umgang der Personen untereinander.**
Im Abschnitt 4 ist Herr Lind in Lübeck und bei der Ankunft in Heiligenhafen besonders höflich gegenüber seiner Sekretärin.

a) Woran sieht man das?

_____

_____

b) Was halten Sie davon im Zeitalter der Gleichberechtigung?

c) Kann diese Form der Höflichkeit wichtig sein im Geschäftsleben?
d) Wie ist das in Ihrem Land?
Geben Sie Beispiele.

_____

_____

_____

Im Abschnitt 4 werden Sie sicherlich einige interkulturelle Unterschiede bemerkt haben, wie z. B. die Begrüßung mit Handschlag in Deutschland, freie Fahrt auf der Autobahn etc …
Von diesen interkulturellen Verschiedenheiten gibt es sicher noch mehr.

▶ **Skizzieren Sie in Kleingruppen weitere Unterschiede aus dem Bereich des Geschäftslebens zwischen Ihrem Land und den deutschsprachigen Ländern (BR Deutschland, Österreich, Schweiz).**

Denken Sie dabei z. B. an	Ihr Land	BR Deutschland etc.
Kleidung		
private Einladung		
Gastgeschenk		
Händeschütteln		
Visitenkarte		
Titel		
Duzen/Siezen		
Trink- und Eßkultur		
Pünktlichkeit		
beste Besuchszeit		
Rolle des Geschäftsbriefes		
Besprechungen an Wochenenden		

Auf der Autobahn

12 Pro und contra: Tempolimit oder „Freie Fahrt für freie Bürger"?

Im Film fährt Herr Lind auf der Autobahn sehr vorsichtig. Wie Sie gehört haben, gibt es aber auf bundesdeutschen Autobahnen kein Tempolimit. „Freie Fahrt für freie Bürger!"
Dieses von vielen (auch freien) Bürgern kritisierte Motto ist inzwischen in der Bundesrepublik ein geflügeltes Wort geworden.

Aus den folgenden Bereichen könnten Argumente kommen:

Umweltschutz – persönliche Freiheit – Arbeitsplätze in Gefahr – Autoindustrie – Spaß am Fahren – letztes Land ohne Tempolimit – Katalysator – mehr Eisenbahnfahren – Tempolimit Gewöhnungssache – Waldsterben – Sicherheit – Verkehrsstau – . . .

 ► **Bilden Sie jetzt im Kurs zwei Gruppen: eine Gruppe soll Argumente für, die andere gegen ein Tempolimit sammeln. Es ist wichtig, daß jeder Teilnehmer seine Argumente skizziert oder mitschreibt.**

► **Wenn Sie Ihre Pro- bzw. Contra-Argumente gesammelt haben, dann diskutieren Sie jetzt bitte (1 Pro- und 1 Contra-Teilnehmer) oder in der Gruppe Ihre Argumente.**

Zweifel anmelden:	● Ich bezweifle, ob …
	● Das klingt zwar sehr überzeugend, aber …
	● Da bin ich etwas skeptisch.
	● Das hängt davon ab, ob …
	● Man sollte auch bedenken, daß …
Widersprechen:	● Ganz im Gegenteil!
	● Das kann sein, aber …
	● Da muß ich leider widersprechen!
	● In diesem Punkt bin ich ganz anderer Meinung.
Begründen lassen:	● Können Sie das genauer erklären?
	● Was verstehen Sie (genau) unter …?
	● Woher haben Sie diese Information?
	● Können Sie das beweisen?
Zustimmen:	● Da haben Sie recht!
	● Das ist ganz klar.
	● Da gibt es keinen Zweifel.
	● Das ist richtig.
	● Da kann ich Ihnen zwar zustimmen, aber …

C Zur Vertiefung

1 Karriere und Höflichkeit

▶ **Lesen Sie den Artikel auf S. 63, und nehmen Sie zu den folgenden Punkten Stellung.**

a) Nach Meinung des Verfassers haben die Frauen am meisten von den Reformen der Höflichkeitsregeln profitiert.

Stimmt das auch für Ihr Land? Wenn ja, in welchen Bereichen?

Geben Sie Beispiele:

_____

_____

_____

_____

b) Beschreiben Sie den Trend in den USA, wie ihn der Verfasser schildert.

Was halten Sie von dieser Entwicklung?

c) Beschreiben Sie die vermutete Entwicklung in Europa.

Was halten Sie davon?

Wie sieht die Entwicklung in Ihrem Land aus?

▶ **Welche Rolle spielt die Frau in Ihrem Land im Geschäftsleben?**

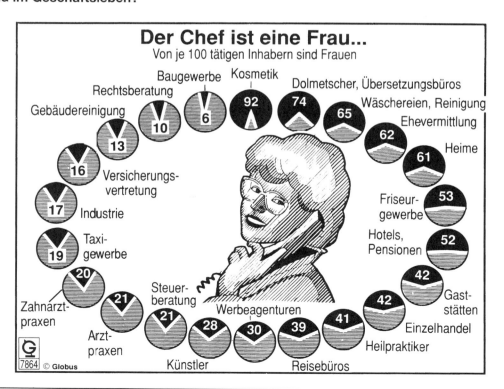

Der Chef ist eine Frau...
Von je 100 tätigen Inhabern sind Frauen

Sonntagsmagazin

Lübecker Nachrichten

Sonntag, 26. Oktober 198

Die alten Regeln der Höflichkeit werden heute immer mehr vom Erfolgszwang und dem Karrieredenken verändert

Einst gab es genaue Regeln, wer wen zuerst grüßt, wann es galt aufzustehen oder wie man sich bei Tisch zu benehmen hatte. Diese Zeiten sind inzwischen vorbei. Der deutsche „Benimmausschuß" hat sich den gewandelten Umgangsformen angepaßt und erlaubt, was längst praktiziert wird. Höflichkeitsregeln sind nicht mehr nur starre Vorschriften, sondern richten sich danach, was einsichtig und verständlich ist. In Amerika geht man sogar noch einen erheblichen Schritt weiter: Dort richten sich die Umgangsformen oft allein danach, ob sie der Karriere dienen. Spezielle Imageberater sorgen dafür, daß Aussehen und Verhalten entsprechend dem jeweiligen Trend genau gesteuert werden.

Eine repräsentative Umfrage brachte es kürzlich an den Tag: Immer später lernen Kinder „Bitte" und „Danke" zu sagen. Zwar haben schon zu allen Zeiten die Erwachsenen über die angeblich oder tatsächlich ständig schlechter werdenden Manieren des Nachwuchses geklagt, doch die neuste wissenschaftliche Untersuchung belegt tatsächlich einen gewissen Verfall der Höflichkeit. Noch vor 20 Jahren lernten danach Kinder eineinhalb Jahre früher als heute den Gebrauch von „Bitte" und „Danke".

Auch ein anderes Indiz für immer weniger Rücksichtnahme, oft beginnend bei der jüngeren Generation, läßt sich beobachten: Noch vor wenigen Jahren registrierten Menschen, die aus Metropolen wie Hamburg, Berlin oder München nach Lübeck kamen, erstaunt, daß hier z. B. den Älteren noch Sitzplätze in Bussen freigemacht wurden. Heute ist es auch an der Trave eher die Ausnahme, daß ein Kind seinen Platz für einen älteren Erwachsenen räumt.

„In den letzten 30 Jahren hat sich bei den Umgangsformen mehr geändert als in den 100 Jahren zuvor", meint Schnitzer. Die Empfehlungen des Gremiums haben sich fast ausnahmslos durchgesetzt, „weil sie von der Mehrheit der Bevölkerung vernünftig angesehen wurden." Nur die „gnädige Frau", die schon in den Gründerjahren als „alter Zopf" abgeschafft wurde, erwies sich als widerstandsfähig. „Diese Anrede gilt heute als Zeichen besonderer Wertschätzung. Mitunter ist sie aber auch aus praktischen Gründen beliebt: Wenn Männer den Namen der anzusprechenden Frau vergessen haben."

Am meisten haben die Frauen von den Reformen der letzten 30 Jahre profitiert. Sie dürfen heute im Freien rauchen, Männern das „Du" anbieten, allein Gaststätten aufsuchen und sich am Tisch die Lippen nachziehen. Sie dürfen sogar Männer zum Essen einladen und zum Tanz auffordern. Allerdings: „Auch Frauen können heute einen Korb bekommen." Als ungehörig, weil der gleichberechtigten Rolle der Frau nicht angemessen, gilt es heute, wenn der Ober im Restaurant nur dem Herrn die Weinkarte reicht und ohne Nachfrage einfach dem Herrn die Rechnung präsentiert. Durchgesetzt hat sich nämlich der Grundsatz: „Wer einlädt, bezahlt auch." Man fragt heute nicht mehr den Ehemann oder Begleiter einer Frau: „Darf ich mit ihrer Frau tanzen?" Denn das kann die selbständige Frau von heute selbst entscheiden.

Was in dieser Hinsicht noch alles auf uns zukommen kann, zeigt ein Blick nach Amerika, denn bekanntlich werden die Entwicklungen in den USA oft nach wenigen Jahren bei uns wiederholt. In Amerika bringen „Image-Berater" gegen klingende Münze ihren Klienten bei, wie sie sich richtig verhalten müssen, um voranzukommen, beobachtete unsere Korrespondentin Ingrid Sulich.

Schlank und braungebrannt, athletisch und gut gekleidet: So sieht das Idealbild des erfolgreichen Amerikaners aus. Werbung und Fernsehen spiegeln es dem Aspiranten unermüdlich vor: „Wissen und Können genügen nicht", klingt's von Mattscheiben und aus Inseraten. „Wenn du vorwärtskommen willst, brauchst du einen Image-Berater."

Und schon sind sie Kunden eines „Garderobe-Ingenieurs", der ihnen beibringt, welche Kleidung einem die Erfolgsleiter hinaufhilft: „Fort mit den billigen Kra-

watten" – „Trage niemals Polyester" – „Knöpfe deine Bluse bis zum Kragen zu" – „Gehe nie in Joggingschuhen ins Büro!"

Etwa 300 Firmen machen rund 200 Millionen Dollar Jahresumsatz mit dem Image-Geschäft; manche lassen sich für eine Stunde Beratung 225 Dollar bezahlen. Dafür belehren sie einen aber auch über das komplette Image – vom perfekten Karriere-Haarstil bis zur Sprechweise, die jedermann zum Zuhören und Zustimmen zwingen soll. Selbst die ideale Autoritätshaltung wird gedrillt: Arme locker hängen lassen, Füße etwas spreizen – fast militärisch. Und außerdem die Repertoire der wirkungsvollsten Gesichtsausdrücke: Nur positive Gefühle zeigen! Negative mit Vorsicht wählen!

Wohin geht nun die Reise bei uns in Sachen Umgangsformen und Imagepflege weiter? Sicher werden wir zu einem kleinen Teil auch die amerikanischen Methoden übernehmen. Doch die Selbstdarstellung um jeden Preis wird in Europa wohl so schnell Fuß fassen. Hierzulande scheint eine etwas andere Richtung wichtig zu werden: Der lange Zeit gepflegte sogenannte antiautoritäre Kurs – Kinder durften tun, was sie wollten, auch wenn sie ihre Umgebung damit terrorisierten – ist im Schwinden. Inzwischen scheint Autorität wieder gefragt zu sein. Allerdings heißt das nicht wie einst Autorität und Unterordnung um jeden Preis. Partnerschaftlich soll miteinander umgegangen werden, fordern die Pädagogen. Und dies wirkt sich dann auch auf die Höflichkeitsformen aus. Akzeptiert wird, was einsichtig ist.

Hans-Dieter Hellmann

(teilweise gekürzt)

2 Höflichkeitsfloskeln

a • Darf ich bitten?

b • Nehmen Sie doch bitte Platz.

c • Bitte nach Ihnen!

d • Ist der Platz noch frei?

e • Hat es Ihnen geschmeckt?

f • Darf man rauchen?

g • Darf ich Ihnen den Mantel abnehmen?

h • Würden Sie mich morgen früh um 7.30 Uhr wecken?

i • Darf ich Sie nach Hause begleiten?

j • Darf ich mal das Fenster aufmachen?

k • Ich möchte den Geschäftsführer sprechen!

l • Was darf ich Ihnen anbieten?

m • Entschuldigen Sie, wie komme ich zum Theater?

n • Behalten Sie doch bitte Platz.

o • Küß die Hand, gnä' Frau.

p • Guten Tag, mein Name ist …

q • Gestatten, Meier, Firma Klöckner, …

r • Darf ich mich vorstellen, mein Name ist…

s • Darf ich Ihnen Frau Seifried vorstellen.

t • Guten Tag, Meier! ○ Angenehm, Lind.

u • Darf ich bekannt machen, das ist …

▶ **a) Welche Höflichkeitsfloskeln können Sie hier verwenden:**

Restaurant	Hotel	Verkehrsmittel Bus/Bahn	gesell. Veranstaltung	Besprechung

▶ **b) Was wäre gegenüber Unbekannten in einem öffentlichen Bus unpassend?**

_____

▶ **c) Wie lauten die Gegensätze? Ordnen Sie zu.**

mündlich – unangenehm – schlicht – unhöflich – unwesentlich – geschäftlich – nicht so eilig – unvorsichtig – einfach – frei – mangelhaft – ungünstig – problematisch – morgens

höflich	_____	reibungslos	_____
elegant	_____	abends	_____
vornehm	_____	vorsichtig	_____
besetzt	_____	schriftlich	_____
angenehm	_____	wichtig	_____
ausgezeichnet	_____	dringend	_____
günstig	_____	privat	_____

Auf der Autobahn

D Ergänzende Übungen

1 Was ist richtig? Kreuzen Sie bitte an.

a) Hier muß man anhalten.   1 ☐
   Hier kann man anhalten.   2 ☐
   Hier darf man anhalten.   3 ☐

b) Hier kann man geradeaus fahren.   1 ☐
   Hier will man geradeaus fahren.   2 ☐
   Hier muß man geradeaus fahren.   3 ☐

c) Hier darf man parken.   1 ☐
   Hier muß man parken.   2 ☐
   Hier soll man parken.   3 ☐

d) Hier soll man tanken.   1 ☐
   Hier muß man tanken.   2 ☐
   Hier kann man tanken.   3 ☐

e) Hier soll man nicht schneller als 60 km/h fahren.   1 ☐
   Hier darf man nicht schneller als 60 km/h fahren.   2 ☐
   Hier kann man nicht schneller als 60 km/h fahren.   3 ☐

f) Hier muß man die Vorfahrt beachten.   1 ☐
   Hier hat rechts Vorfahrt.   2 ☐
   Hier muß man in jedem Fall stoppen.   3 ☐

2 In jeder der folgenden Zeilen ist mindestens ein Wort versteckt.

P S T A U P E M P F E H L E N B A R   _____

M A B E S T Ä T I G E N T G E N A U   _____

B E V O L L T A L L E G T E L E X D   _____

D E P A N N E F Ä H R E B R L I N D   _____

P Ä R W Ä H R U N G G E A N L A G E   _____

B L E A U S G E Z E I C H N E T P Ö   _____

W A L D L A U F H U N D E R T E R M   _____

J U G U T S C H R I F T A D R E S T   _____

D R F A L S C H G E L D B E D V U N   _____

Z A Z I N S E N P L A U F T R A G T   _____

3 Wie heißen die folgenden Sätze?

machensieniediefolgendendreigefährlichenfehleraufderautobahndaswendenaufderautobahnist
strengverbotenwennsiedieausfahrtverpaßthabenfahrensiezurnächstenausfahrtweiterdasrück-
wärtsfahrenaufderautobahnistgrundsätzlichverbotensiedürfennurinnotfällenaufdemrandstreifen
haltenindiesemfallmüssensiediewarnblinkanlageeinschaltenunddaswarndreieckaufstellen

_____

_____

_____

_____

_____

4 Höflichkeit am Telefon
Ergänzen Sie! Manchmal sind verschiedene Lösungen möglich!

- Guten Tag, Meier, _____ ich bitte Herrn Lind sprechen.

○ Tut mit leid, er ist gerade nicht im Zimmer. _____ ich etwas ausrichten?

- Ja, bitte, _____ Sie ihm sagen, daß er mich zurückrufen _____ .

○ Ja, gern, wie lange _____ er Sie noch im Büro erreichen?

- Bis 18 Uhr. Wenn er später kommt, _____ er mich auch privat anrufen. Bitte sagen Sie,

  daß es dringend ist, er _____ mich bitte in jedem Fall anrufen.

○ Gut, ich hoffe, Herr Lind kommt rechtzeitig ins Büro zurück, damit ich ihm Ihre Nachricht übermitteln

  _____ .

- Vielen Dank, auf Wiederhören!

○ Einen Moment bitte, _____ Sie mir noch Ihre Rufnummer durchgeben?

- Ja, natürlich, die Nummer ist ... _____, und privat ..._____.

○ Vielen Dank, auf Wiederhören!

- Auf Wiederhören!

Geschäftsbesprechung

A Zur Vorbereitung

▶ Gehen Sie zurück zu Abschnitt 1 „Kontaktaufnahme":
Warum wollen sich Herr Lind und Herr Jung treffen?

_____

Welche geschäftlichen Interessen haben
a) Herr Jung und

_____

b) Herr Lind?

_____

▶ Die Geschäftsleute sehen sich das erste Mal.
Was könnte der erste Punkt ihrer Besprechung sein?

_____

_____

B Arbeit mit dem Video

1 Zum Globalverständnis

▶ **Sehen Sie sich den Filmabschnitt 5 an, und beantworten Sie dann die folgenden Fragen.**

a) Wie beschreibt Herr Jung die Entwicklung seiner Firma?

_____

_____

_____

b) Wie beschreibt Herr Lind seine Firma?

_____

_____

_____

2 Filmtext

1 *J: Herr Lind, ich darf mich herzlich bei Ihnen bedanken, bei Ihnen selbstverständlich auch, daß Sie den Weg hierher gemacht haben, daß Sie ihn so schnell gemacht haben, auch wenn*
5 *wir nun noch eine kleine Terminverzögerung hinnehmen mußten. Aber es zeigt mir doch, wie sehr Sie interessiert sind an einer Zusammenarbeit und ich hoffe, daß unser heutiges Gespräch einen guten Einstieg bedeutet für*
10 *eine zukünftige Zusammenarbeit.*
  L: Das hoffe ich auch, Herr Jung. Könnten Sie vielleicht uns etwas über Ihre Firma erzählen?
  J: Ja, das will ich gerne tun. Seit gut ungefähr
15 *zwanzig Jahren haben wir einen kleinen Möbelhandel, der sich mit der Einrichtung von Ferienwohnungen beschäftigt hat. Sie wissen selbst, daß hier entlang der Küste, der Ostseeküste von Flensburg bis nach Lübeck run-*
20 *ter eine ganze Reihe von großen Ferienwohnungsansiedlungen entstanden sind. Und die meisten dieser Ansiedlungen haben wir möblieren können.*
  L: Das ist ja sehr interessant.

Ort: Konferenzzimmer
des Möbelhauses
Jung in Heiligenhafen
Personen: Frau Franke (F)
Herr Jung (J)
Herr Lind (L)
Zeit: 29. Oktober

Filmtext 5

J: Ja, wissen Sie, ursprünglich war es für uns so, daß wir nur die reine Standardeinrichtung gemacht haben, d. h. also Tische, Stühle, Schränke, Betten, alles was damit so zusammenhängt. Doch dann erforderte der Markt von uns eine Erweiterung dieser Sortimente, und wir haben dann hinzugenommen, alles was zum Wohnen gehört wie Lampen, wie Teppichboden, wie Hausrat, sogar Küchen, und heute ist es soweit, daß wir nicht nur die Einrichtung machen, sondern daß wir also auch für den reinen Bau direkt zuliefern, d. h. alles was mit Holz zusammenhängt, wie Türen, Fenster und alle anderen Holzprodukte, die möglich sind für den Bau.

L: Das ist wirklich eine interessante Entwicklung.

J: Nun hat man in den letzten Jahren weniger Ferienzentren gebaut, es gibt da eine gewisse Störung.

L: Ja, das verstehe ich. Das ist ähnlich bei uns, obwohl wird diesen Boom nicht gehabt haben.

J: Was die Ferienzentren angeht, so richten wir uns nun mehr auf den Ersatzbedarf ein. Und deshalb haben wir seit drei Jahren zusätzlich einen kleinen Vertrieb aufgebaut. Dieser hat als Aufgabe den Direktverkauf an Baumärkte 1*), die mit diesen Produkten dann wiederum selbst in den Handel gehen. Und für diesen Vertrieb und das Ersatzgeschäft der Ferienwohnungen wären wir nun daran interessiert, Ihre Produkte kennenzulernen und eventuell in unsere Produktpalette mit aufzunehmen.

F: Das heißt also, Sie haben sich sozusagen ein zweites Bein geschaffen.

J: Genau. Das ist richtig. Für mich wäre es jetzt natürlich ganz interessant, von Ihnen zu hören, wie Ihrer Meinung nach Ihre Produkte in unseren Betrieb passen. Sie haben mir ja schon Ihre Kataloge zugeschickt und ich habe diese auch studiert. Ich habe auch Ihre Preisliste studiert und daran kann man ja schon einiges feststellen. Aber vielleicht sollten Sie mir doch noch vorab kurz etwas über Ihre Firma sagen, die Entwicklung Ihrer Firma, damit ich mir auch darüber einen kleinen Einblick verschaffen kann.

L: Ja, natürlich, sehr gern, Herr Jung. Ihr Firmenkonzept und Ihre Arbeitsweise, glaube

ich, passen* uns sehr gut. Unsere Firma ist eine der ältesten Möbelfabriken in unserem Lande. Firma ARBORUM wurde vor 130 Jahren gegründet. Heute haben wir unsere Produktion auf hochwertige Qualitätsmöbel ausgerichtet. Unser Design ist nicht unbedingt typisch nordeuropäisch.

F: Nein, wir arbeiten z. B. sehr viel mit italienischen und französischen Designern zusammen.

L: Da der Absatzmarkt bei uns begrenzt ist, bauen wir seit einigen Jahren unseren Export nach Amerika, nach Fernost und auch nach Europa aus. Unser Umsatz beträgt heute umgerechnet 20 Millionen DM pro Jahr . . .

J: In der ganzen Firma?

L: Ja, im gesamten Unternehmen. Wir haben

1*) Baumärkte sind in der BR Deutschland sehr populär, da viele Leute in ihrer Freizeit ihre Wohnungen und Häuser selbst renovieren und bauen. Baumärkte führen alle Baumaterialien und Werkzeuge, die Hobbyhandwerker brauchen.

100 heute 200 Mitarbeiter. Ich bin Geschäftsführer und ich mache auch das Marketing.

J: 20 Millionen Umsatz im Jahr, daß bedeutet
also für deutsche Verhältnisse ein mittelstän-
105 disches Unternehmen.

L: Ja, das kann man sagen. Eine besondere Abteilung produziert Komponenten, z. B. Trep-
pen mit Zubehör, Tischplatten, Möbelteile
usw. Wir stellen auch Halbfabrikate für unse-
110 re Kunden her, manchmal fertig bearbeitet.

Da stellt sich die Frage, ob Ihr Vertriebskon-
zept zu uns passen würde.

J: Diese Fertigbearbeitung müßte dann von
Fall zu Fall abgesprochen werden mit Ihnen.
115 *L:* Ja, das wäre wohl das Beste.

J: Also, grundsätzlich sind es Halbfabrikate,
die Sie dann direkt an den Endbestimmungsort liefern könnten?

L: Ja, das ist für uns kein Problem.
120 *J:* Wir brauchen also nicht unbedingt nur die
Anlieferung an unser Lager oder den Bau-
markt, sondern wir müßten auch Lieferun-
gen direkt z. B. an die einzelnen Baustellen
bekommen. Das ist also für Sie kein Pro-
125 blem, wenn ich Sie richtig verstanden habe.

L: Nein, das ist kein Problem. Wir können direkt an Baumärkte und Baustellen liefern.

J: Wie sieht das denn nun aus mit Sonderwün-
schen? Wenn also nun besondere Hölzer ge-
130 wünscht werden, wären Sie dann auch so fle-

135 xibel, daß Sie diese Sonderwünsche sofort,
d.h. also mit einer entsprechenden Lieferfrist
selbstverständlich, erfüllen können?

F: Also gerade was die erwähnte Lieferflexibi-
140 lität angeht, haben wir da nur gute Erfahrungen gemacht. Ich kann Ihnen da jetzt mal ein
Beispiel nennen. Da hatten wir z. B. einen
Auftrag aus Saudi-Arabien, sollten also Möbel hinliefern, lieber vorgestern als morgen,
145 aber es hat dann alles wunderbar geklappt
und wir haben die Lie-
fertermine einhalten
können, obwohl da
schwierige Zollge-
150 schichten dazwischen-
kamen usw.

J: Sie haben keine Ver-
schiffungsprobleme da-
155 bei gehabt.

F: Nichts, das ist alles
wunderbar gelaufen.

J: Das ist besser, als es uns
ergangen ist. Als wir
160 vor Jahren für Tunesi-
en eine Sendung mit
Krankenhausmöbeln
liefern sollten, kamen
165 diese Möbel, obwohl
sie nach Vorschrift ver-
packt waren, aufgrund des hohen Seegangs
während der Reise nur noch in kleinen
Stücken in Tunesien an.

170 **Sprecher:** Die Diskussion geht weiter über Ma-
terial- und Qualitätsfragen, Liefermöglich-
keiten und nicht zuletzt auch Preisstrategien.
Dabei wird der Vorschlag gemacht, noch
vor Weihnachten eine Werbekampagne mit
175 verschiedenen Produkten der Firma AR-
BORUM im norddeutschen Raum durchzuführen.

Geschäftsbesprechung

3 Wortschatz

▶ **Erklären Sie die folgenden Begriffe in Ihrer Muttersprache aus dem Zusammenhang des Textes.**

die Terminverzögerung, -en _____

die Zusammenarbeit, 0 _____

die Erweiterung, -en _____

zuliefern _____

die Entwicklung, -en _____

die Sättigung, 0 _____

der Ersatzbedarf, 0 _____

die Produktpalette, 0 _____

der Betrieb, -e _____

hochwertig _____

der Absatzmarkt, ¨e _____

der Umsatz, ¨e _____

die Fertigbearbeitung, -en _____

das Halbfabrikat, -e _____

der Endbestimmungsort, -e _____

die Baustelle, -n _____

der Sonderwunsch, ¨e _____

lieber vorgestern als morgen _____

die Lieferfrist, -en _____

die Verschiffung, -en _____

die Werbekampagne, -n _____

4 Zum Detailverständnis

▶ a)   **Herr Jung und Herr Lind geben je eine Beschreibung ihrer Firmen. Versuchen Sie
       nach Möglichkeit, die entsprechenden Informationen nach dem folgenden Muster
       anzugeben:**

	Firma Jung	Firma ARBORUM
Gegründet		
Branche		
Hauptprodukte		
Sitz in		
Rechtsform (z. B. AG)		
Anzahl der Beschäftigten		
Umsatz des letzten Jahres		
Vertriebswege im Inland		
Vertriebswege ins/im Ausland		

  b)   **Ursprünglich hatte die Firma Jung** _____

       _____

  c)   **Dann hat die Firma Jung ihr Angebot und ihre Kundenzielgruppe erweitert. Warum?**

       _____

▶ d)   **Die beiden Geschäftspartner vergleichen dann ihre Firmenkonzepte.
       Welche Informationen finden Sie im Film?**

	Firma Jung	Firma ARBORUM
Produktpalette		
Kundenzielgruppe		
Absatzmöglichkeiten		
Vertriebsmöglichkeiten		
Liefermöglichkeiten		
Position der Geschäftspartner		
Exportanteil		
Exportländer und Produkte		
Filialen in		

e) In welchen Punkten können sich die beiden Firmen ergänzen?

_____   _____

_____   _____

f) Ein wichtiges Thema ist die Lieferflexibilität.
   Was ist für Herrn Jung dabei wichtig?

_____   _____

_____   _____

g) Zum Schluß des Gesprächs erzählen die beiden Geschäftspartner noch eine kleine Geschichte über Lieferprobleme.

_____   _____

_____   _____

h) Am Ende des Gesprächs wird noch von einer ersten Vereinbarung zwischen den Firmen gesprochen. Von welcher?

_____   _____

_____   _____

5 Rollenspiel

▶ **Jeder Kursteilnehmer bereitet eine Kurzbeschreibung seiner Firma vor.
Dann stellen Sie sich und Ihre Firma Ihren Partnern vor:
Verwenden Sie die Redewendungen aus dem Film, bzw. folgende:**

- Unsere Firma/Abteilung beschäftigt sich mit . . . .

- Wir stellen . . . . her.

- Seit . . . . . . Jahren haben wir unser Sortiment erweitert, weil . . . .

- Wir haben (in den letzten Jahren) unseren Vertrieb . . . . aufgebaut.

- Wir exportieren nach . . . . Wir haben Filialen/Partner in . . . .

- Unser Umsatz beträgt . . . .

- Wir können (schnell, direkt, jederzeit, innerhalb von . . . . . Wochen) liefern.

- Unser Exportanteil ist . . . .

- Wir haben . . . .

6 Fachbegriffe

▶ **Assoziieren Sie bitte die Begriffe auf der linken Seite mit den Sätzen und Definitionen auf der rechten Seite.**

a)	die Firma, Firmen	1	Angebot und Nachfrage werden hierdurch bestimmt.
b)	der Mitarbeiter, –	2	Hier warten die Produkte auf ihre Auslieferung.
c)	die Abteilung, -en	3	Wir verkaufen für ungefähr 800 Millionen SEK im Jahr Maschinen.
d)	das Lager, –	4	Wir sind heute mehr als 500 Mitarbeiter.
e)	die Umsatz, ̈e	5	Ich bin Angestellter in der technischen Abteilung.
f)	der Markt, ̈e	6	Die Qualitätskontrolle ist ein wichtiger Teil der Firma.
g)	der Großhändler, -	7	Wir schicken die Produkte frei Haus.
h)	die Anlieferung, -en	8	Zwischen Hersteller und Einzelhändler sind sie ein wichtiger Geschäftspartner in der Vertriebskette.
i)	der Bestimmungsort, -e	9	Wir liefern die Treppen auch zerlegt.
j)	die Herstellung, 0	10	Vor allen Dingen stellen wir . . . her.
k)	der Bausatz, ̈e	11	Hierher liefern wir Halbfabrikate.
l)	das Halbfabrikat, -e	12	Das wird bei uns fertig bearbeitet.
m)	das Fertigprodukt, -e	13	Die Fabrikation geschieht in Skandinavien.
n)	das Hauptprodukt, -e	14	Wir liefern direkt nach Heiligenhafen.

Hinweis! Einige Zuordnungen sind nicht eindeutig. Es gibt also nicht immer nur eine richtige Lösung!

a	b	c	d	e	f	g	h	i	j	k	l	m	n

Geschäftsbesprechung

7 Cross Cultural Training

▶ **a) Im Film ist von dem Begriff ‚Standardeinrichtung' die Rede. Was gehört nach Ihrer Meinung zur Standardeinrichtung eines (Ferien-)appartements**

      in Deutschland?   **in Ihrem Land?**

▶ **b) Herr Jung berichtet von den Ferienzentren an der Ostsee und davon, daß dieser Markt einen gewissen ‚Sättigungsgrad' erreicht hat.**

    Was bedeutet das? _____

_____

▶ **c) Das Gespräch wechselt besonders am Ende etwas zwischen Fachsprache und lockerem Fachjargon. Im Gespräch hören wir auch einige alltägliche Redewendungen. Ordnen Sie die entsprechenden Bedeutungen!**

Fachjargon	fachliche Ausdrücke		
a eine ganze Reihe	1 es hat funktioniert	a	
b sich ein zweites Bein schaffen	2 sehr schnell	b	
c sich einen kleinen Einblick verschaffen	3 viele	c	
d lieber vorgestern als morgen	4 diversifizieren	d	
e es hat geklappt	5 Zollformalitäten	e	
f Zollgeschichten	6 sich informieren	f	
g es ist wunderbar gelaufen	7 der Beginn	g	
h der Einstieg	8 kaputt	h	
i in kleinen Stücken	9 es hat sehr gut geklappt	i	

▶ **d) Gegen Ende des Gesprächs erzählt die Sekretärin eine kleine Geschichte. Sie nimmt in dieser Situation praktisch ihrem Chef Herrn Lind ‚das Wort aus dem Mund'. Wie verändert sich das Gespräch? Ist das korrekt?**

_____

_____

▶ **e) Herr Lind spricht nicht perfekt Deutsch. Hat das einen Einfluß auf das Gespräch zwischen den Geschäftspartnern?**

_____

_____

C Zur Vertiefung

1 Die mittelständische Wirtschaft

‚Mittelstand' ist der Sammelbegriff für kleine und mittelgroße Unternehmen bis zu 500 Mitarbeitern. Eine exakte Abgrenzung gegenüber Großunternehmen gibt es nicht. Ein weiteres Kriterium ist oft der Umsatz.

Zu den mittelständischen Betrieben zählen hauptsächlich das Handwerk, der Einzelhandel, Teile des Großhandels, die freien Berufe, Klein- und Mittelbetriebe der verarbeitenden Wirtschaft sowie die Dienstleistungsunternehmen.

99 % der Unternehmen in der Bundesrepublik gehören zum Mittelstand. Sie beschäftigen ungefähr ⅔ der Arbeitnehmer und bilden fast 90 % der Lehrlinge aus.

Der Mittelstand ist eine heterogene Gruppe. Trotzdem gibt es Fragen, die den gesamten Mittelstand betreffen. Deshalb gibt es eine besondere Mittelstandsförderung. Ziel der Mittelstandsförderung ist die Sicherung der Existenz- und Wettbewerbsfähigkeit kleiner und mittlerer Unternehmen, ihre Leistungssteigerung und die Anpassung an den Strukturwandel. Die Notwendigkeit der Mittelstandsförderung wird folgendermaßen begründet:

– mittelständische Unternehmen sind gegenüber Großunternehmen wegen ihrer Betriebsgröße benachteiligt,

– ihre Diversifikationsmöglichkeiten sind begrenzt, weshalb sie sich schwieriger an Marktveränderungen anpassen können,

– sie sind der Nachfragemacht großer Kunden ausgesetzt,

– sie haben Schwierigkeiten in der Realisierung technischer Fortschritte,

– sie haben oft zu wenig Eigenkapital.

Mittelstand: Fundament der Wirtschaft
Kleine und mittlere Unternehmen in der BR Deutschland...

...bilden aus **85 %** der Lehrlinge
...beschäftigen **66 %** der Arbeitnehmer
...machen **50 %** der Umsätze
...erarbeiten **46 %** des Sozialprodukts
...tätigen **41 %** der Investitionen

8267 © Globus

Geschäftsbesprechung

▶ **Lesen Sie den Text auf S. 76, und beantworten Sie die folgenden Fragen.**

a) Was versteht man unter ‚Mittelstand' in der Bundesrepublik?

_____

_____

b) Welche Unternehmens- und Betriebsarten umfaßt der Mittelstand hauptsächlich?

_____

_____

c) Welche Bedeutung hat die mittelständische Wirtschaft?

_____

_____

d) Warum gibt es eine besondere Mittelstandsförderung?

_____

_____

e) Welche Ziele hat die Mittelstandsförderung?

_____

_____

f) Wie wird die Mittelstandsförderung begründet?

_____

_____

2 Diskussion: Mittelstandsförderung

▶ **Diskutieren Sie die folgenden Punkte.**

a) Spricht man von einer besonderen mittelständischen Wirtschaft in Ihrem Land?

b) Falls ja: Welche Größenordnung hat der Mittelstand bei Ihnen im Verhältnis zur Großindustrie?

c) Welche Bedeutung hat der Mittelstand bei Ihnen?

d) Welche Vorteile kann der Mittelstand gegenüber der Großindustrie haben?

e) Hat die mittelständische Wirtschaft bei Ihnen ähnliche Probleme wie in der Bundesrepublik?

f) Gibt es bei Ihnen eine besondere Mittelstandsförderung?

g) Was glauben Sie, mit welchen Maßnahmen man den Mittelstand am besten fördern kann?

3 Rechtsformen der deutschen Unternehmen

Manche deutsche Firmen zeigen die Rechtsform des Unternehmens auch im Firmennamen z. B. AG für Aktiengesellschaft. Hier finden Sie die wichtigsten Rechtsformen:

Kaufmann: Minderkaufmann:	K. im Sinne des Handelsgesetzbuches ist jeder, der ein Handelsgewerbe betreibt. Zu unterscheiden sind (Muß-)K. kraft Gewerbebetriebs, (Soll-)K. kraft Eintragung und Formkaufmann, der kraft Gesetz K. ist. Die handelsrechtlichen Vorschriften über Firma, Handelsbücher, Prokura und mündliche Bürgschaftserklärung finden auf Handwerker sowie auf Personen, deren Gewerbebetrieb den Rahmen des Kleingewerbes nicht überschreitet, keine Anwendung; die Angehörigen dieses Personenkreises sind Minderkaufleute.
Einzelkaufmann:	Rechtlicher Begriff. Kaufmann, der sein Geschäft ohne Gesellschafter oder nur mit einem oder mehreren stillen Gesellschaftern betreibt. Die Firma eines E. muß seinen Namen und wenigstens einen seiner Vornamen enthalten. Der E. haftet für alle Verbindlichkeiten, die sich aus dem Betrieb seines Unternehmens ergeben, persönlich und mit seinem gesamten Vermögen; irgendwelche Haftungsbeschränkungen sind nicht möglich.
Personengesellschaften:	Zusammenschluß mehrerer, meist natürlicher Personen, die in der Regel persönlich mit ihrem gesamten Vermögen haften.
Offene Handelsgesellschaft: (OHG)	Eine Gesellschaft, deren Zweck auf den Betrieb eines Handelsgewerbes unter gemeinschaftlicher Firma gerichtet ist, ist eine OHG, wenn bei keinem der Gesellschafter die Haftung gegenüber den Gesellschaftsgläubigern beschränkt ist (§ 105 HGB). Grundsätzlich ist jeder Gesellschafter zur Geschäftsführung und Vertretung berechtigt, doch kann durch den Gesellschaftsvertrag etwas anderes vereinbart werden.
Kommanditgesellschaft: (KG)	Die KG ist eine Handelsgesellschaft, bei der die Haftung eines oder einiger Gesellschafter (Kommanditisten) auf den Betrag einer bestimmten Vermögenseinlage beschränkt ist, während bei dem anderen Teil der Gesellschafter (persönlich haftende Gesellschafter; Komplementäre) keine Haftungsbeschränkung besteht. Soweit in den §§ 161 – 177 HGB keine besonderen Regelungen enthalten sind, gelten die Vorschriften für die OHG entsprechend auch für die KG. Die KG gehört zu den Personengesellschaften, sie ist also keine juristische Person. Die Eintragung der KG im Handelsregister ist obligatorisch. Sehr häufig in mittelständischer Wirtschaft.
GmbH und Co. KG	Ursprünglich gesetzlich nicht vorgesehen, rechtlich jedoch zugelassene Gesellschaftsform. Eine Kommanditgesellschaft, deren persönlich haftender Gesellschafter die GmbH ist. Die Kommanditisten sind mitunter gleichzeitig die Gesellschafter der GmbH. Die Konstruktion der GmbH & Co. KG. hat sich vor allem aus wirtschaftlichen Gründen stark durchgesetzt; sie wird heute insbesondere aus Gründen der Haftungsbeschränkung verwendet.
Kapitalgesellschaften:	Gesellschaften mit eigener Rechtspersönlichkeit (Juristische Personen). Gegenüber den Gläubigern haftet nur das Gesellschaftsvermögen, nicht das Privatvermögen der Gesellschafter.
Gesellschaft mit beschränkter Haftung: (GmbH)	Die GmbH ist eine Handelsgesellschaft mit eigener Rechtspersönlichkeit; sie ist eine Kapitalgesellschaft. Für die Verbindlichkeiten der Gesellschaft haftet den Gläubigern nur das Gesellschaftsvermögen. Der Anteil jedes Gesellschafters bestimmt sich nach seiner Stammeinlage, auf deren Höhe auch seine Haftung beschränkt ist, es sei denn, daß im Gesellschaftsvertrag eine Nachschußpflicht vorgesehen ist. Das Stammkapital muß mindestens 50000 DM betragen. Für große Firmen (ab 500 Mitarbeitern) ist ein Aufsichtsrat Vorschrift. Häufig im gewerblichen Bereich.
Aktiengesellschaft: (AG)	Die AG ist eine Handelsgesellschaft mit eigener Rechtspersönlichkeit, deren Gesellschafter (Aktionäre) mit Einlagen an dem in Aktien zerlegte Grundkapital (Aktienkapital) beteiligt sind, ohne persönlich für die Verbindlichkeiten der Gesellschaft zu haften. Häufig bei Großunternehmen.

zit. nach: Humboldt-Wirtschafts-Lexikon, München 1990, Bd. 926.

▶ **Welche Rechtsformen haben Sie in Ihrem Land? Entsprechen Sie den deutschen?**

Geschäftsbesprechung

D Ergänzende Übungen

1 Der Konjunktiv in der Geschäftssprache

▶ **a) Wo verwendet im Abschnitt 5 Herr Jung den Konjunktiv?**
   Unterstreichen Sie die Stellen im Text.

▶ **b) Welche Funktion hat dabei der Konjunktiv?**

_____

_____

2 Wenn Sie sich nicht so direkt oder verbindlich ausdrücken wollen:

▶ **Schreiben Sie im Konjunktiv!**

a) Kann ich Sie morgen abend anrufen?

_____

b) Ist es für Sie möglich, nächste Woche nach Berlin zu kommen?

_____

c) Können Sie vielleicht 500 Mark wechseln?

_____

d) Ich bin unter gewissen Voraussetzungen bereit, den Vertrieb für Ihre Produkte zu übernehmen.

_____

e) Ich habe noch eine weitere Frage.

_____

f) Es kann ja sein, daß irgend etwas dazwischen kommt.

_____

g) Wir telefonieren sicherlich vorher noch einmal.

_____

h) In diesem Fall übernachte ich in Heiligenhafen.

_____

i) Wecken Sie mich um 7.00 Uhr?

_____

j) Nehmen Sie bitte hier Platz.

_____

3 Wenn Sie sich direkter ausdrücken wollen:

▶ **Schreiben Sie im Indikativ.**

a) Könnten wir uns über eine Preisanpassung unterhalten?

_____

b) Wären Sie eventuell die nächste Zeit im Lübecker Raum?

_____

c) Hätten Sie Lust, mit uns ins Theater zu gehen?

_____

d) Was würden Sie vorschlagen?

_____

e) Welche Strategie würden Sie empfehlen?

_____

f) Kämen Sie dann gegen 20.00 Uhr vorbei?

_____

g) „Was hülfe es dem Menschen, wenn er die ganze Welt gewönne und nähme doch
Schaden an seiner Seele?" (Neues Testament)

_____

Geschäftsbesprechung

4 Internationalismen: Markt und Marketing

Es gibt sogenannte internationale Wörter, d. h. Wörter, die in vielen Sprachen gleich oder ähnlich sind,
z. B. englisch/französisch/deutsch: ‚international‘.

Solche Wörter sind oft nützlich, sie erleichtern die Kommunikation, manchmal gibt es aber auch keine Entsprechung.

▶ **a) Die folgende Übung enthält ungeordnet 13 Wortpaare, links die deutschen   inter-**

nationalen, rechts die rein deutschen Wörter. Ordnen Sie entsprechend um.

Achtung! Auf der linken Seite steht ein Wort, das veraltet ist bzw. in Österreich eine vollkommen andere Bedeutung hat.

a	produzieren	1	empfehlen		a	
b	diskutieren	2	Werbung		b	
c	kalkulieren	3	Verhältnis		c	
d	exzellent	4	herstellen, erzeugen		d	
e	rekommandieren	5	Durchschrift, Abschrift		e	
f	Kontrakt	6	zusammenbauen		f	
g	Kompensation	7	Vertrag		g	
h	Proportion	8	ausgezeichnet		h	
i	Reklame	9	ausrechnen, berechnen		i	
j	debitieren	10	besprechen		j	
k	montieren	11	Beanstandung		k	
l	Kopie	12	belasten		l	
m	Reklamation	13	Ausgleich, Aufrechnung		m	

▶ **b) Suchen Sie bitte weitere sogenannte internationale Wörter, evtl. aus Ihrer Branche.**

5 Telefondialog

▶ **Führen Sie bitte die folgende Pfeilübung mit Hilfe der angegebenen Stichwörter alsTelefondialog durch.**

Die schwedische Herstellerfirma Träfab, Sundsvall, möchte mit ihrem deutschen Kunden, Firma Holz AG, Frankfurt/M., die Änderung eines seit drei Jahren unverändert gelieferten Produktes, einer massiven Haustür aus Eiche, am Telefon besprechen.

<u>Träfab, Sundsvall</u>   <u>Holz AG, Frankfurt/M.</u>

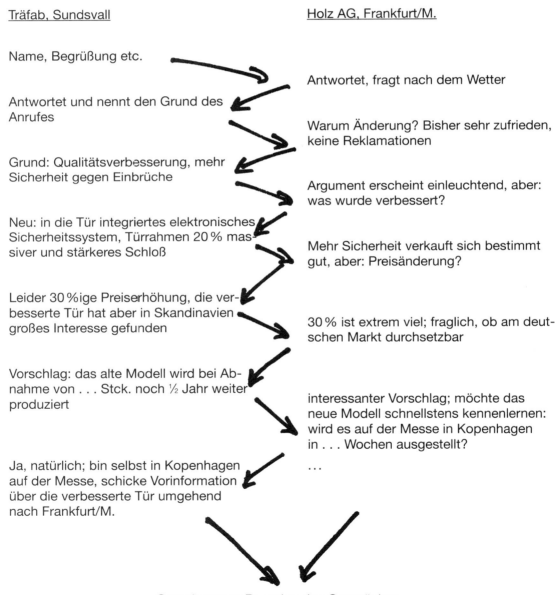

Name, Begrüßung etc.

                                              Antwortet, fragt nach dem Wetter

Antwortet und nennt den Grund des Anrufes

                                              Warum Änderung? Bisher sehr zufrieden, keine Reklamationen

Grund: Qualitätsverbesserung, mehr Sicherheit gegen Einbrüche

                                              Argument erscheint einleuchtend, aber: was wurde verbessert?

Neu: in die Tür integriertes elektronisches Sicherheitssystem, Türrahmen 20 % massiver und stärkeres Schloß

                                              Mehr Sicherheit verkauft sich bestimmt gut, aber: Preisänderung?

Leider 30 %ige Preiserhöhung, die verbesserte Tür hat aber in Skandinavien großes Interesse gefunden

                                              30 % ist extrem viel; fraglich, ob am deutschen Markt durchsetzbar

Vorschlag: das alte Modell wird bei Abnahme von . . . Stck. noch ½ Jahr weiter produziert

                                              interessanter Vorschlag; möchte das neue Modell schnellstens kennenlernen: wird es auf der Messe in Kopenhagen in . . . Wochen ausgestellt?

Ja, natürlich; bin selbst in Kopenhagen auf der Messe, schicke Vorinformation über die verbesserte Tür umgehend nach Frankfurt/M.

                                              . . .

Gemeinsames Beenden des Gespräches

A Zur Vorbereitung

Am Ende des Abschnitts 5 wird vorgeschlagen, eine Werbekampagne mit verschiedenen Produkten der Firma ARBORUM durchzuführen.

▶ a) Was benötigt man für eine derartige Werbekampagne?

_____

▶ b) Warum soll diese Kampagne gerade vor Weihnachten gemacht werden?

_____

▶ c) Welche Werbemittel und Marketing-maßnahmen werden in Ihrer Branche verwendet?

_____

▶ d) Die Geschäftsleute werden sich bei einer weiteren Zusammenarbeit wieder treffen müssen. Wie schnell sollte ein solches Treffen stattfinden?

_____

B Arbeit mit dem Video

1 Zum Globalverständnis

▶ **Sehen Sie sich den Filmabschnitt 6 an, und beantworten Sie dann die folgenden Fragen.**

a) Wie endet der geschäftliche Teil der Besprechung?

---

b) Warum treffen sich die Geschäftsleute am folgenden Tag noch einmal?

---

2 Filmtext

Ort: Möbelhaus Jung

Personen: Frau Franke (F)

Herr Jung (J)

Herr Lind (L)

Zeit: 29. Oktober

Filmtext 6

1 **J:** *Ja gut, dann führe ich für Sie diese Kampagne umgehend durch und werte sie dann in den Weihnachtstagen oder Anfang des neuen Jahres aus. Ich würde dann in der zweiten*
5 *oder dritten Januarwoche zu Ihnen kommen und da sollten wir dann vielleicht nochmal das weitere Vorgehen absprechen, denn bis dahin habe ich eine Analyse dieser Werbekampagne sicherlich auch fertiggestellt . . .*
10 **F:** *Das war jetzt Anfang Januar, sagten Sie.*
J: *Zweite oder dritte Woche, aber das könnten*

wir auch noch einmal besprechen. Wir könnten uns dann vielleicht darüber auch noch einmal unterhalten, ob wir über diesen Vor-
15 *vertrag hinaus zu einer weiteren vertraglichen Zusammenarbeit dann kommen können.*
L: *Gut, wir schicken Ihnen eine Bestätigung für alles, wenn wir nach Hause kommen . . .*
20 **J:** *Frau Franke hat ja alles aufgeschrieben, ich habe mir nur einige kleine Handnotizen gemacht. Und ich meine jetzt, ich darf mich bei*

Ergebnis und Verabschiedung

Ihnen ganz herzlich bedanken, daß Sie die Zeit gefunden haben, hierher zu kommen,
25 *und . . .*

L: *Man muß flexibel sein, wenn man Geschäfte machen will.*

J: *Ja, das stimmt bestimmt. Ich habe gehört,
daß Sie heute abend noch nach Lübeck*
30 *zurückfahren, daß Sie hier in Norddeutschland bleiben werden. Ich wünsche Ihnen dazu eine gute Reise und einen schönen Abend
heute in Lübeck. Vielleicht darf ich mich
noch danach erkundigen, ob Sie morgen*
35 *noch etwas Zeit haben, vielleicht über Mittag.
Ich habe morgen nachmittag in Lübeck ein
familiäres Treffen, und wenn es Ihre Zeit erlaubt und Sie Spaß daran haben, dann möchte ich Sie beide einladen zu einem Mittages-*
40 *sen.*

F/L: *Ja, sehr gern. Das ist sehr nett von Ihnen.*

J: *Dann würde ich Ihnen vorschlagen, daß wir
uns morgen um 12.00 Uhr in Lübeck treffen,
und zwar im „Schabbelhaus". Das „Schab-*
45 *belhaus" . . .*

F: *Entschuldigung „Schabbelhaus", „B" oder
„P"?*

J: *Mit Doppel-„B". „B" wie „Berta".*

F: *Doppel-„B", „Schabbelhaus", ja . . .*

50 **J:** *Das „Schabbelhaus" liegt in der Mengstraße,
aber Sie brauchen eigentlich nur einem Taxi-
fahrer Bescheid zu sagen, „Schabbelhaus",
das kennt jeder in Lübeck.*

L: *Ja, das verstehe ich. Sehr gut.*

55 **F:** *Das ist sehr nett von Ihnen. Vielen Dank.*

J: *Dann freue ich mich, daß Sie hier waren, bedanke mich für das Gespräch, wünsche Ihnen noch eine gute Reise. Ihre Muster dürfen
Sie alle hier liegen lassen, ich sammle das*
60 *nachher dann ein und lege das dann zu meinen Unterlagen, so daß wir dann also alles
geordnet hier haben und ich kann danach
meine Arbeiten treffen. Nicht?
Machen wir das so!*

3 Zum Detailverständnis

▶ **Sehen Sie sich den Film noch einmal an, machen Sie Notizen, und beantworten
Sie die Fragen.**

a) Wann will Herr Jung die Werbekampagne auswerten?

_____

b) Wann will er seine neuen Geschäftspartner besuchen?

_____

c) Welche juristischen Fragen spricht Herr Jung an?

_____

d) Welche Seite will ein Besprechungsprotokoll anfertigen?

_____

e) Wohin fahren Herr Lind und Frau Franke nach ihrer Besprechung mit Herrn Jung?

_____

f) Wann und wo wird man sich am nächsten Tag treffen?

_____

g) Wer behält die Muster?

_____

Ergebnis und Verabschiedung

4 Wortschatz

▶ **Erklären Sie die folgenden Begriffe in Ihrer Muttersprache aus dem Zusammenhang des Textes.**

das Ergebnis, -se _____

durchführen _____

umgehend _____

die Werbung, 0 _____

das Vorgehen, 0 _____

absprechen _____

der Vertrag, ⸚e _____

die Zusammenarbeit, 0 _____

die Bestätigung, -en _____

sich erkundigen _____

das Treffen, – _____

der Spaß, ⸚e _____

einladen _____

Bescheid sagen _____

sich freuen _____

das Gespräch, -e _____

das Muster, - _____

einsammeln _____

die Unterlagen (Pl.) _____

geordnet _____

Ergebnis und Verabschiedung

5 Gesprächsführung

▶ **Sehen Sie sich noch einmal die Abschnitte 4 und 5 an oder lesen Sie die Transkripte zu Abschnitt 4 und 5.**

a) Welche Formulierungen verwendet man bei der Vorstellung
– von Herrn Franke in Abschnitt 4 und
– von Frau Franke in Abschnitt 5?

_____

_____

_____

_____

b) In der Begrüßungsszene in Heiligenhafen (Abschn. 4) entschuldigt sich Herr Lind für die Verspätung. Mit welcher Formulierung reagiert Herr Jung? Welche weiteren Formulierungen kennen Sie?

_____

_____

_____

_____

c) Im Auto (Abschn. 4) und in der Verabschiedungsszene (Abschn. 6) werden Herr Franke bzw. Herr Jung unterbrochen. Mit welchen Formulierungen? Welche anderen wären möglich?

_____

_____

_____

_____

d) In Abschnitt 5 kommentiert Herr Lind die Ausführungen von Herrn Jung, indem er sie bestätigt, verstärkt oder Interesse zeigt. Sammeln Sie bitte diese Äußerungen von Herrn Lind und ergänzen Sie sie mit eigenen.

_____

_____

_____

_____

_____

_____

e) In Abschnitt 6 macht Herr Jung einige Vorschläge. Welche Formulierungen verwendet er dabei? Ergänzen Sie bitte mit eigenen Formulierungen.

_____

_____

_____

_____

_____

_____

6 Cross Cultural Training[1]

Die Zusammenarbeit zwischen einer deutschen und einer aus ändischen Firma wird
nicht nur durch die persönlichen Kontakte
der Geschäftspartner, sondern auch den
Jahresrhythmus und die Abhängigkeit
der Produkte von den Kundenwünschen
beeinflußt.

a) Ist es günstig, eine Werbekampagne
vor Weihnachten durchzuführen?

_____

b) Halten Sie es für richtig, daß Herr Jung
sich schon im Januar mit Herrn Lind
treffen will?

_____

c) Welche Formen der Zusammenarbeit
mit ausländischen Firmen kennen Sie?

_____

_____

d) Würden Sie in Ihrem Land Geschäftspartner nach dem ersten Treffen zum
Essen einladen?

_____

e) Wie zeigen Sie Ihrem Geschäftspartner,
daß Sie an einer weiteren Zusammenarbeit Interesse haben?

_____

_____

▶ **Schreiben Sie ein kurzes Gesprächs-
protokoll (5 und 6)**

a) in Ihrer Muttersprache
b) auf deutsch.

```
                                    29. Oktober…
                   Werbekampagne für Fa. ARBORUM
Protokoll:    Herr Jung, Fa. Jung
Teilnehmer:   Herr Lind, ARBORUM; Kalmar
              Frau Franke;*
Verteiler:    Direktion Kalmar, ...
```

Ergebnis und Verabschiedung B

7 Planspiel: Wochenendprogramm

Eine Gruppe von drei befreundeten Geschäftsleuten aus dem deutschsprachigen Raum will Ihre Firma besuchen.

Ankunft: Donnerstag am Nachmittag
Abfahrt: Dienstagvormittag

Besprechungstage in Ihrer Firma sind der Freitag und der Montag.

▶ **Ihre Arbeitsgruppe bekommt den Auftrag, ein genaues Besuchsprogramm auf deutsch zusammenzustellen.**

Gehen Sie dazu in Ihr Verkehrsamt und besorgen Sie sich deutschsprachiges Material.

▶ **Formulieren Sie Ihr Programm schriftlich aus.**

Denken Sie bitte bei der Ausarbeitung des Programms an:

Ankunfts-/Abfahrtszeiten
Verkehrsmittel
Hotelbuchung, Restaurantbesuch
Kontaktpersonen in der Firma
Besuch in anderen Abteilungen
Betriebsbesichtigung
Vorträge

Touristische Attraktionen in Ihrer Gegend
Veranstaltungen (Theater, Konzert, . . .)
Freizeit

Arbeiten Sie realistisch, aber auch mit viel Phantasie!

Herzlich willkommen in Doverton

Besucherprogramm vom 24.8. – 28.8. '90

für Frau Carola Höhne
Herrn Friedrich Kahl und
Herrn Dieter Meyer

Do 24.8 14.30 Ankunft Flughafen
15.30 Besprechung mit Direktor Steen
17.00 Treffen mit Abteilung K 42
19.00 Abendessen

Frei 25.8. 8.30 Abholung vom Hotel
9.00 Werksbesichtigung
11.00 Besprechung mit der Exportabteilung
14.00 Besichtigung der Auslieferung und
des Fuhrparks
15.30 Abfahrt zum Werk 2
17.00 Rückkehr zum Hotel
19.00 Abendessen in 'Robertsons Inn'
mit der Wirtschaftsförderungsgesellschaft

Sa 26.8. 9.30 Fahrt zum neuen Hafengelände in Doverton
anschließend Ausfahrt zum Hochseefischen

So 27.8. Auf Wunsch Ausflug zur Scarleigh-Insel

Mo 28.8. 9.30 Treffen mit der kommunalen Fördergesellschaft
für Industrieansiedlung
11.50 Empfang beim Bürgermeister Tim Dole
14.00 Abschlußbesprechung mit Direktor Steen
16.30 Abfahrt zum Flughafen

C Zur Vertiefung

1 Werbung

Herr Jung will für verschiedene Produkte der Firma ARBORUM eine Werbekampagne durchführen.
Dazu kann er verschiedene Werbeträger einsetzen:

– Printmedien wie Zeitungen, Zeitschriften und andere Druckerzeugnisse wie Kataloge, Prospekte, Werbebriefe, Adreßbücher etc.

– audiovisuelle Medien wie Fernsehen und Video, Filme und Dias sowie Hörfunk

– Medien der Außenwerbung wie Litfaßsäulen, Verkehrsmittel, Lichtwerbung (Leuchtreklame), Himmelswerbung, Bandenwerbung, Trikotwerbung etc.

Häufig eingesetzte Werbemittel sind Anzeigen, Fernseh- und Rundfunkspots, Prospekte und Kataloge, Werbebriefe, Flugblätter, Plakate, Schaufensterdekorationen, Verkaufsgespräche, Degustationen, Messekontakte etc.

▶ **a) Welche der genannten Werbeträger bzw. Werbemittel würden Sie für die Werbekampagne von Herrn Jung verwenden?**

_____

_____

▶ **b) Welche Art von Werbung wird in Ihrer Branche bevorzugt?**

_____

_____

▶ **c) Bekannte Werbesprüche in der Bundesrepublik sind z. B.:**
  – Mercedes (R) – dein guter Stern auf allen Straßen
  – Täglich Underberg (R) – und du fühlst dich wohl
  – IKEA (R) – das unmögliche Möbelhaus aus Schweden

▶ **d) Suchen sie einen originellen Werbespruch für Herrn Jungs Kampagne.**

_____

_____

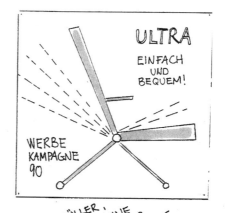

Ergebnis und Verabschiedung

▶ **e) Welche der folgenden Aussagen halten Sie für richtig?**

	richtig	falsch

1 Werbung soll den Umsatz erhöhen.
2 Werbung schafft künstliche Bedürfnisse.
3 Durch Werbung werden die Produkte verteuert.
4 Weil durch Werbung mehr Produkte verkauft werden, können
  die Preise gesenkt werden.
5 Werbung informiert.
6 Werbung manipuliert den Verbraucher durch den Einsatz psycho-
  logischer Mittel.
7 Werbung will überzeugen.

2 Werbesprüche

In der modernen Werbung werden oft Sprichwörter und Zitate verwendet und in ihrem Sinn verfremdet. Besonders auch die Graffitis arbeiten mit Wortspielen.

▶ **Ordnen Sie die folgenden Sprichwörter! Gibt es bei Ihnen ähnliche?**

A Es kommt oft anders,	1 geht über studieren.		A	
B Ende gut,	2 ist auch ein Weg.		B	
C Ohne Fleiß	3 kommt Rat.		C	
D Wer die Wahl hat,	4 lacht am besten.		D	
E Der Ton	5 ist besser als Nachsicht.		E	
F Frisch gewagt	6 macht die Musik.		F	
G Wo ein Wille ist,	7 desto lieber die Gäste.		G	
H Vorsicht	8 ist halb gewonnen.		H	
I Probieren	9 alles gut.		I	
J Je später der Abend,	10 als man denkt.		J	
K Kommt Zeit,	11 kein Preis.		K	
L Wer zuletzt lacht,	12 hat die Qual.		L	

▶ **Sammeln Sie aktuelle Werbesprüche aus deutschen Illustrierten, im Fernsehen oder auch in Tageszeitungen und in Fachzeitschriften.**

_____

_____

_____

▶ **Texten Sie eine Anzeige oder einen Werbespruch, mit dem die Firma Jung und die Firma ARBORUM auf dem deutschen Markt auf sich aufmerksam machen könnten:**

_____

_____

_____

Ergebnis und Verabschiedung

3 Cross Cultural Training 2

In den letzten Jahren hat sich in der Bundesrepublik eine Kultur der 'Graffitis' entwickelt, die sich ironisch und kritisch mit den traditionellen Werten auseinandersetzt. Dies geschieht oft ganz knapp und spielerisch. Dabei wird vielfach ganz bewußt gegen die Grammatik und die herkömmliche Wortbildung und -bedeutung verstoßen.

▶ **Versuchen Sie die folgenden Graffitis zu analysieren und zu klären, ob diese Einstellungen Ihre Geschäftsinteressen beeinflussen könnten.**

Gibt es in Ihrem Land ähnliche Tendenzen?

D Ergänzende Übungen

1A ,Wechselspiel': Computervirus

Achtung:
Diese Übung besteht aus den Seiten 94
und 95!

In die Kundenkartei der Firma ARBORUM
hat sich ein Computervirus eingeschlichen
und einige Angaben gelöscht. Ihr Partner
hat die gelöschten Angaben.

▶ **Ein Teilnehmer hat nur die Seite 94, der
andere nur Seite 95 vor sich. Fragen Sie
bitte Ihren Partner nach den fehlenden
Informationen!**

K u n d e n k a r t e i   d e r   F i r m a   A R B O R U M

Firmenname	Träfab, Sundsvall	Holz AG, Frankfurt/M.
Telefon	....	069-0022 486
Einkaufsleiter	Dr. Steen	....
Beschäftigte	....	180
Umsatz 1989	. . . Mill. SEK	38 Mill. DM
Kunde seit	1897	....
Rabattstaffel	ab 30.000 SEK: 4,5%	ab .... DM: ...... %
	ab 60.000 SEK: 5,5%	ab .... DM: ...... %
Umsatz mit uns		
1988	1,2 Mill. SEK	.... DM
1989	Mill. SEK	250.000 DM
1990 (geschätzt)	1,4 Mill. SEK	865.000 DM
Zahlungs- bedingungen	14 Tage 2% Skonto 30 Tage netto	14 Tage 30 Tage
Liefer- bedingungen	....	ab Werk
Kreditrahmen	300.000,– SEK	....
Zahlweise	....	Skontoausnutzung

- Wie hoch ist der Umsatz/. . . der Firma . . .?
- Seit wann ist Firma . . . unser Kunde?
- Welche . . . -bedingungen gelten? etc.

Ergebnis und Verabschiedung

1 B ‚Wechselspiel': Computervirus

Achtung!
Diese Übung besteht aus den Seiten 94
und 95!

In die Kundenkartei der Firma ARBORUM
hat sich ein Computervirus eingeschlichen
und einige Angaben gelöscht. Ihr Partner
hat die gelöschten Angaben.

▶ **Ein Teilnehmer hat nur die Seite 94, der
andere nur Seite 95 vor sich. Fragen Sie
bitte Ihren Partner nach den fehlenden
Informationen!**

K u n d e n k a r t e i   d e r   F i r m a   A R B O R U M

Firmenname	Träfab, Sundsvall	Holz AG, Frankfurt/M.
Telefon	060-67 16 66	………………………
Einkaufsleiter	…………………	Frau Rehnagel
Beschäftigte	220	…………
Umsatz 1989	250 Mill. SEK	… Mill. DM
Kunde seit	………………	1981
Rabattstaffel	ab …… SEK: …% ab …… SEK: …%	ab 10.000 DM: 4,5 % ab 20.000 DM: 5,5 %
Umsatz mit uns		
1988	… Mill. SEK	200.000 DM
1989	1,8 Mill. SEK	……… DM
1990 (geschätzt)	… Mill. SEK	……… DM
Zahlungs- bedingungen	14 Tage 2 % Skonto 30 Tage netto	14 Tage …………… 30 Tage ……………
Liefer- bedingungen	frei Haus	…………
Kreditrahmen	……… SEK	150.000 DM
Zahlweise	pünktlich	………………………

- Wie hoch ist der Umsatz/. . . der Firma . . .?
- Seit wann ist Firma . . . unser Kunde?
- Welche . . . -bedingungen gelten? etc.

2 Wortschatzübung

▶ **a) Zerlegen Sie bitte die folgenden zusammengesetzten Wörter (Komposita)**
   z. B.: Geldwechselautomat = Geld, wechseln, Automat.
   Arbeiten Sie mit dem Wörterbuch.

▶ **b) Was bedeuten die Wörter in Ihrer Muttersprache?**

die Unternehmensleitung, -en _____

der Abteilungsleiter, - _____

die Werbemaßnahme, -n _____

das Druckerzeugnis, -se _____

der Rundfunkspot, -s _____

die Schaufensterdekoration, -en _____

das Einkaufszentrum, -ren _____

das Ladenschlußgesetz, -e _____

die Kontoführungsgebühr, -en _____

das Bestellformular, -e _____

das Datenübertragungsnetz, -e _____

die Steuererklärung, -en _____

die Produktionskapazität, -en _____

die Kapazitätsauslastung, -en _____

der Scheckempfänger, - _____

der Werbeslogan, -s _____

der Verschiffungshafen, ¨ _____

der Werkverkehr, 0 _____

der Außenhandel, 0 _____

Geschäftsessen

A Zur Vorbereitung

▶ Über welche Themen würden Sie sich bei einem Geschäftsessen unterhalten?

_____   _____

_____   _____

_____   _____

Über welche nicht?

_____   _____

_____   _____

_____   _____

▶ Welche Themen aus Ihrer Heimat sind interessant?

_____   _____

_____   _____

_____   _____

Denken Sie an Maler, Musiker, Schriftsteller, Schauspieler, Geschichte, Traditionen, Essen und Trinken etc.

B Arbeit mit dem Video

1 Zum Globalverständnis

▶ **Sehen Sie sich den Filmabschnitt 7 an, und beantworten Sie dann die folgenden Fragen.**

a) Wir befinden uns nun in Lübeck. Wo?

_____

b) Welche Personen nehmen an dem Geschäftsessen teil?

_____

_____

c) Warum hat man das „Schabbelhaus" ausgesucht?

_____

_____

_____

d) Über welche Themen spricht man?

_____

_____

_____

2 Filmtext

1 **J:** *Sie wundern sich vielleicht, daß Sie hier heute keinen Kellner finden, der mit einer großen Speisekarte an den Tisch kommt, daß Sie aus einer reichen Speisenwahl wählen können.*
5 *Das liegt daran, daß ich mir erlaubt habe, heute eine Spezialität des Hauses im voraus zu bestellen.*
L: *Sie machen uns neugierig, Herr Jung.*
J: *Wenn Sie mal nach links schauen, dann ha-*

Ort: Lübeck

Personen: Herr Jung (J)

Frau Jung (FJ)

Frau Franke (F)

Herr Lind (L)

Zeit: Sonntag, 27 Okt., mittags

10 *ben Sie hier die Speisenfolge des heutigen Tages. Wenn Sie die einmal aufschlagen, dann werden Sie sehen, daß dort direkt Ausschnitte aus dem Roman aufgeschrieben sind. Und Sie können also dann lesen, was die Budden-*
15 *brooks bzw. was Thomas Mann über dieses Festmahl gesagt und geschrieben hat. Und so werden wir also heute – ich nehme an, auch in Ihrer Heimat kennt man die Geschichte, die Familiengeschichte der Buddenbrooks …*
20 *den Roman von Thomas Mann.*
L: *. . . ja, wir haben im Gymnasium über Thomas Mann gelesen . . .*
J: *So werden wir also speisen wie die Buddenbrooks vor über 150 Jahren. Ich hoffe, daß es*
25 *uns allen gut schmecken möge. Zum Wohlsein! . . .*
J: *Dieses Haus hat schon eine alte Tradition, auch eine alte Geschichte. Es gab einmal ei-*
30 *nen sehr reichen Lübecker Kaufmann namens Heinrich Schabbel, der unverheiratet und ohne Erben war. Und dieser Herr Schabbel hat in seinem Testament der Stadt Lübeck einen für die damalige Zeit sehr*
35 *großen Geldbetrag vermacht und hat gleich-*

zeitig verfügt, daß mit diesem Geld ein Gebäude gekauft werden sollte, das ihm zu
Ehren den Namen „Schabbelstiftung" trägt.
Und der Rat der Stadt Lübeck hat also dann
40 diesen Betrag angenommen, hat dieses Gebäude gekauft, in dem alten Zustand bewahrt
und erhalten und einen gastronomischen
Betrieb eingerichtet.

L: Also, alles ist im Original erhalten?

45 *J:* Es ist so im Original erhalten, und es wird
sehr viel Wert darauf gelegt, wenn mal etwas

Ich bin begeisterter Tennisspieler und auch,
wenn ich etwas mehr Zeit habe, begeisterter
Segler. Ich habe ein kleines Segelschiff, und
Sie wissen, die Freizeit am Wochenende ist ja
65 auch nur bedingt, dann reicht das zu kleinen
Segeltörns Richtung Dänemark oder nur bei
uns entlang der Küste Richtung Hohwachter
Bucht oder auch mal in die Lübecker Bucht
hinein. Aber zweimal im Jahr finde ich etwas
70 länger Zeit, und mache einmal mit meiner
Familie und einmal mit Freunden eine Reise

"....die Teller wurden gewechselt, wobei Madame Antoinette
die Bewegungen der Mädchen scharf beobachtete und
Mamsel Jungmann rief Anordnungen in den Schalltrichter
des Sprachrohrs hinein, das den Esssaal mit der Küche
verband. Es wurde Fisch herumgereicht."

*Das Schabbelhaus
zu Lübeck*

Heiße Kräutersuppe
nebst geröstetem Brot

"....und nebeneinander überschritten sie die Schwelle zum
hellerleuchteten Speisesaal, wo die Gesellschaft mit der
Placierung um die lange Tafel soeben fertig geworden war."

Kleine Röllchen von Seezungenfilets
mit Hummer-und Champignonsoße
im Zweifarbenspiel

„Die Teller wurden aufs neue gewechselt. Ein kolossaler,
panierter Schinken erschien, geräuchert, gekocht, nebst
brauner, säuerlicher Schalottensoße und solchen Mengen
von Gemüsen, daß alle aus einer einzigen Schüssel sich
hätten sättigen können..."

Schinken auf alt-lüb'sche Art
mit Senfzucker glaciert
süß-saure Schalottensoße
reich gefüllte Gemüseschüsseln
gebratene Kartoffeln

"...man saß auf hochlehnigen Schweren Stühlen, speiste mit
schwerem Silbergerät schwere, gute Sachen, trank schwere,
gute Weine dazu und sagte seine Meinung..."

"...wohl bekomm's, mesdames et messieurs, gesegnete Mahlzeit!
Drüben wartet für Liebhaber eine Zigarre und ein Schluck Kaffee
für uns alle und, wenn Madame spendabel ist, ein Likör..."

Plettenpudding
ein schichtweises Gemisch aus
Makronen, Himbeeren, Biskuits und Eiercreme

"...Krischan, freet nich tau veel" rief plötzlich der alte Budden-
brook, „Thilda, der schadt es nichts...packt an wie söben
Drescher, die Deern" ...und nun kam in zwei großen Kristall-
schüsseln der

kaputtgeht, daß diese Dinge sofort in den alten Zustand wieder versetzt werden und für
Repräsentationszwecke werden diese Räume
50 heute immer wieder gerne vom Lübecker
Museumsverein und von der Lübecker Ge-
schichtsforschung benutzt.

Sprecher: Nach diesen einleitenden Erklärun-
gen durch Herrn Jung geht die Diskussion
55 weiter über verschiedene städtebauliche Fragen. Danach kommt man auf ein anderes
Thema zu sprechen.

L: Was machen Sie eigentlich in Ihrer Freizeit,
Herr Jung?

60 *J:* In meiner Freizeit? Das ist eine gute Frage.

gen Norden. Wir waren in Ihrer Region, wir
waren in Norwegen, auch in Finnland und
Schweden und haben dort uns Land und
75 Leute angeguckt. In den vergangenen Jahren
jedenfalls. Darf ich mal fragen: Was machen
Sie in Ihrer Freizeit?

L: Ja, wenn ich Freizeit habe, dann gehe ich oft
so nachmittags mit meiner Tochter und
80 spielt* ein bißchen Tennis und wir können
uns sehr gut da*halten. Aber, übrigens habe
ich vor 15 Jahren einen Privatflugschein gemacht und wir kommen oft zusammen, vier
Bekanntn* von mir und wir machen so klei-
85 ne Ausflüge, manchmal zur Küste, wo wir

Fisch günstig kaufen kann* und manchmal auch in den Süden also nach Dänemark pro ein paar Stun-

90 *den, wo man Fleisch z. B., da kaufen wir das günstig …*

J: *Wann setzt bei Ihnen eigentlich so der Schnee-*

95 *fall ein?*

L: *Ich meine also, so nach dem Dezember …*

FJ: *Weihnachten ist meist nicht weiß, das ist ganz sel-*

100 *ten …*

J: *Bei uns auch schon lange nicht mehr …*

F: *Bei uns ist also, wenn ich mich recht erinnere … bei uns gibt es ja diese*

105 *Skiferien in der 2. Februarhälfte, und da hat es an und für sich gut geklappt, daß kurz vor den Skiferien der Schnee kam, daß man also Skifahren konnte. Aber es kann bis in den Januar hinein schneefrei sein, aber sehr*

110 *kalt …*

L: *Arbeiten Sie eigentlich in die* Firma Ihres Mannes, Frau Jung?*

FJ: *Wie mein Mann schon vorhin erwähnte, haben wir zwei Kinder, die sind heute 10 und 12*

115 *Jahre alt. Als sie ins Kindergartenalter kamen, entschloß ich mich, die Morgenstunden zu nutzen, um auch etwas in der Firma mit zu tun oder tätig zu sein. Wir haben in unseren Eingangsräumen für das Möbelhaus eine*

120 *kleine Boutique eingerichtet, die Möbel stehen da, und die mag man gerne dann auch etwas dekorieren und so habe ich die Accessoires, die kaufe ich auf Messen ein und gebe so dem Möbelhaus eine gewisse Atmosphäre.*

125 **L:** *Ja, das verstehe ich.*

F: *Herr Jung, das ist der Lübecker Rotspon?*

J: *Das ist der Lübecker Rotspon, …*

F: *Aber wieso, wieso dieser Name? In Lübeck wächst doch kein Wein, oder?*

130 **J:** *Das ist ganz einfach erzählt: Frischer, junger Wein aus Frankreich, aus der Region Bordeaux wird hier nach Lübeck gebracht und in einem speziellen Verfahren gelagert und damit zur Reife gebracht. Und dieser Wein,*

135 *der dann auf den Markt kommt, der bekommt dann den Namen Lübecker Rotspon. Das ist auch schon eine uralte Tradition, hängt sicherlich noch mit der Zeit der Hanse zusammen, solange geht das also schon*

140 *zurück. Und Lübecker Rotspon ist nicht nur in unserer Region bekannt, sondern auch in ganz Deutschland. Vielleicht sollten wir mal probieren und sollten uns dann vielleicht mal darüber unterhalten, ob uns der nicht so-*

145 *gar besser schmeckt als französischer Wein. Zum Wohlsein!*

F: *Der schmeckt mir sehr gut. Ich bin zwar kein Weinkenner, möchte ich nicht behaupten, aber es schmeckt mir. Das ist wichtig für*

150 *mich.*

J: *Das ist auch das, was wir beiden, meine Frau und ich daran empfinden, wir finden diese Geschmacksrichtung für uns auch sehr passend und wir haben immer einige Flaschen*

155 *Lübecker Rotspon in unserem Weinkeller. Gerade jetzt in dieser Jahreszeit, wo es draußen etwas kühler geworden ist, …*

Filmtext 7

Geschäftsessen

3 Wortschatz

▶ **Erklären Sie die folgenden Begriffe in Ihrer Muttersprache aus dem Zusammenhang des Textes.**

sich etwas erlauben   _____

neugierig   _____

aufschlagen   _____

der Ausschnitt, -e   _____

das Festmahl, -e   _____

die Heimat, 0   _____

das Gymnasium, Gymnasien   _____

Zum Wohlsein!   _____

der Erbe, -n   _____

damalig   _____

gleichzeitig   _____

verfügen   _____

die Stiftung, -en   _____

der Zustand, ¨e   _____

bewahren   _____

der Verein, -e   _____

die Forschung, -en   _____

begeistert   _____

bedingt   _____

der Flugschein, -e   _____

günstig   _____

erwähnen   _____

sich entschließen   _____

das Verfahren, -   _____

die Reife, 0   _____

behaupten   _____

der Geschmack, (selten) ¨e   _____

4 Zum Detailverständnis

▶ **Sehen Sie sich den Film noch einmal an, machen sie Notizen, und beantworten Sie die Fragen.**

Gespräch über das Schabbelhaus

a) Warum bringt der Kellner keine Speisekarte?

_____

b) Warum wird Herr Lind neugierig?

_____

c) Herr Jung erwähnt einen berühmten deutschen Schriftsteller.
Wie heißt er?

_____

d) Wie heißt der Roman?

_____

e) Woher kommt der Name „Schabbelhaus"?

_____

f) Was hat die Stadt Lübeck mit dem „Schabbelhaus" zu tun?

_____

_____

g) Das „Schabbelhaus" wird nicht nur als Restaurant benutzt, sondern auch für

_____

▶ **Gespräch über Arbeit und Freizeit**

h) Welche Freizeithobbies hat Herr Jung?

_____

i) Was macht Herr Lind in seiner Freizeit?

_____

j) Ist Herr Jung schon einmal in Skandinavien gewesen?

_____

k) Herr Jung besitzt einen Flugschein. Wie macht er davon Gebrauch?

_____

l) Womit arbeitet Frau Jung?

_____

▶ **Eine lokale Spezialität**

m) Was ist „Lübecker Rotspon"?

_____

n) Was wird über die Geschichte des „Lübecker Rotspons" erzählt?

_____

_____

o) Was wird über den Geschmack des „Lübecker Rotspons" geäußert?

_____

Geschäftsesssen

5 Redewendungen bei Tisch

- Und was möchten Sie trinken?
- Was können Sie empfehlen?
- Ich möchte zahlen, bitte!
- Sie wünschen?
- Danke gleichfalls!
- Stimmt so.
- Zusammen oder getrennt?
- Die Speisekarte bitte.
- Guten Appetit!
- Ich wünsche Ihnen noch einen schönen Abend!
- Hätten Sie gern Fisch oder Fleisch?
- Sie sind selbstverständlich mein Gast.
- Möchten Sie ein Dessert?
- Wünschen Sie Kaffee?

- Dann bedanke ich mich recht herzlich für die Einladung!
- Haben Sie schon gewählt?
- ..., das ist heute ganz frisch.
- Ich hätte lieber _____
- Zum Wohl!
- Möchten Sie noch etwas _____ ?
- Haben Sie _____ ?
- Ich nehme _____
- Das macht _____ DM.
- Schmeckt's?
- Fräulein!
- Herr Ober!

▶ **Führen Sie mit diesen und weiteren Redewendungen verschiedene Gespräche**

a) zwischen Gast und Gastgeber

_____

_____

_____

_____

b) Gast und Kellner

_____

_____

_____

c) Gastgeber und Kellner

_____

_____

_____

_____

Benützen Sie dazu auch die Speisekarte von S. 124!

6 Tischgespräche

Herr Jung erwähnt in seinem Tischgespräch Thomas Manns Roman „Die Buddenbrooks".
Hier folgen weitere Angaben über einige deutschsprachige kulturell interessante Personen.

▶ **Ordnen Sie bitte zu.**

Maler	Carl Orff	Die Blechtrommel
Schriftsteller	Joseph Beuys	Geigerin
Musikerin	Bertolt Brecht	Rockmusik
Regisseur	Ludwig van Beethoven	Musikpädagoge
Komponist	Volker Schlöndorf	Aktionskünstler
Künstler	Rainer-Werner Fassbinder	Für Elise
Musikerin	Nina Hagen	Dreigroschenoper
Schriftsteller	Günter Grass	abstrakte Kunst
Komponist	Paul Klee	Die Blechtrommel
Regisseur	Anne-Sophie Mutter	Die verlorene Ehre der Katharina Blum

a) **Zwei der in Aufgabe 6 genannten Film-titel sind verfilmte Literatur. Welche weiteren Filme kennen Sie, die auf Ro-manen basieren?**

_____

_____

b) **Lesen Sie lieber die Originalliteratur oder sehen Sie lieber die Filme oder beides?**

_____

c) **Wann haben Sie zuletzt ein „gutes Buch" gelesen?**

_____

▶ **Lesen Sie einmal einen deutschsprachi-gen Schriftsteller, entweder in Ihrer Muttersprache oder im Original.**

Es muß nicht gleich ein Roman sein, es gibt auch sehr anregende Gedichte und Kurzgeschichten.

▶ **An welchen weiteren kulturellen The-men wie z. B. Malerei, Schauspiel etc. sind Sie interessiert? Führen Sie darüber ein Gespräch auf deutsch in Ihrem Kurs.**

Geschäftsessen

7 Cross Cultural Training

▶ **Diskutieren Sie die folgende Punkte,
nach Möglichkeit auf deutsch.**

a) Halten Sie es für richtig, daß Herr Jung
das Menü im voraus bestellt hat?

_____

b) Wäre das bei Ihnen möglich?

_____

c) Herr Jung fragt Herrn Lind, was er in
seiner Freizeit macht. Was würden Sie
an seiner Stelle antworten? Welche
Freizeitinteressen haben Sie? Sprechen
Sie mit einem Geschäftspartner über
alle?

_____

_____

_____

_____

d) Herr Jung fragt Herrn Lind nach dem
Winterwetter in seiner Heimat. Führen
Sie ein Gespräch über das Wetter
zu verschiedenen Jahreszeiten in
Ihrer Heimat.

_____

_____

e) Herr Jung berichtet etwas lokalpatrio-
tisch über eine Lübecker Spezialität,
den „Lübecker Rotspon".
Welche Spezialitäten sind typisch für
Ihre Stadt oder Ihre Landschaft?
Soll man die eigenen Spezialitäten
loben?

_____

_____

f) Glauben Sie, daß während des Essens
über geschäftliche Dinge gesprochen
wurde?

_____

_____

g) Welche Trinksprüche verwendet Herr
Jung?
Was kann man noch sagen?

_____

_____

h) Gibt es bestimmte Höflichkeitsregeln,
die bei einer Einladung zu beachten
sind, z. B. Sitzordnung, . . .

_____

_____

i) Herr Jung hat seine Gäste ins
„Schabbelhaus" eingeladen.
Was glauben Sie, zu welcher Kategorie
das „Schabbelhaus" gehört:
a ☐ einfaches Restaurant
b ☐ gutbürgerlich
c ☐ Spezialitäten-Restaurant
d ☐ historisches Restaurant
e ☐ Luxus-Restaurant oder … ?

k) Versuchen Sie, weitere Themen für
Tischgespräche zu finden. Wenn Sie die
Möglichkeit haben, gehen Sie mit Ihrem
Kurs zusammen essen und führen Sie
dabei die Tischgespräche nur auf
deutsch. Vielleicht spielt die Bedienung
im Restaurant auch mit?

C Zur Vertiefung

1 Deutscher Wein

Bei einer Geschäftsreise in Deutschland haben Sie sicher Gelegenheit, deutschen Wein zu probieren. Hier finden Sie einige Informationen.

Deutscher Wein ist weltbekannt, obwohl nur 1,5 Prozent aller Weine aus Deutschland kommen. Das Weinanbaugebiet umfaßt insgesamt fast 100 000 Hektar. Es werden im Durchschnitt jährlich 10 Millionen Hektoliter von 90 000 Winzern (Weinbauern) erzeugt.

Hauptsächlich wird Weißwein angebaut (85 %), aber auch Rotwein kommt in bestimmten Gebieten vor (15 %).

Der Weißwein wird in vier Qualitätsstufen eingeteilt:

1. Tafelwein
2. Landwein
3. Qualitätswein
4. Qualitätswein mit Prädikat
4.1 Kabinett
4.2 Spätlese
4.3 Auslese
4.4 Beerenauslese
4.5 Trockenbeerenauslese
4.6 Eiswein

Das Wort „Lese" bedeutet Ernte (Weinlese = Weinernte). Bei einer Spätlese handelt es sich um eine späte Ernte, d. h. die Weintrauben reifen länger und man erhält eine bessere Qualität.

Man charakterisiert Weine auf verschiedene Art und Weise, z. B. fruchtig, rassig oder elegant. Die wichtigsten Unterschiede sind trocken oder süß. Oft sagt man auch herb (trocken) und mild (süß).

Ein Tip: Wenn Sie einmal im Herbst in deutschen Weingebieten sind, sehen Sie sich die Weinlese an. In dieser Jahreszeit finden auch überall Weinfeste statt, oft vor der eigentlichen Weinlese, um die Fässer zu leeren und Platz für den neuen Wein zu schaffen.

DEUTSCHER SEKT

kommt nicht wie der Champagner aus dem französischen Gebiet Champagne, sondern wird aus deutschen Weinen in einem besonderen Verfahren hergestellt. Das Wort Sekt kommt vom italienischen vino secco = trockener Wein.

Sekt muß laut Gesetz mindestens 9 Monate lagern. Sekt wird mit einer besonderen Schaumweinsteuer belastet, und ist deshalb verhältnismäßig teuer. Sekt trinkt man in der Regel zu besonderen Anlässen wie Geburtstag oder zu Silvester.

Geschäftsessen

2 Fachdeutsch für Feinschmecker

▶ **Der Geschmack von Weinen wird in der deutschen Sprache durch einige Adjektive charakterisiert. Versuchen Sie, eine Geschmacksskala anzugeben. Hier sollte Ihnen Ihr Lehrer helfen!**

Wein: herb ⟶ mild/süß

▶ **Ergänzen Sie noch weitere Getränke und Speisen und deren Geschmacksmerkmale.**

_____ : _____

_____ : _____

_____ : _____

_____ : _____

_____ : _____

3 Küche: international

Herr Jung erzählt, wie durch die Hanse französischer Rotwein nach Lübeck gekommen ist.

a) **Welche Waren und Warenströme sind für Ihr Land traditionell wichtig? Woher kommen diese Waren?**

_____

_____

_____

c) **Haben Sie auch deutsche Küche und Getränke in Ihrem Land?**

_____

_____

b) **Haben diese internationalen Verbindungen auch einen Einfluß auf Ihre Küche?**

_____

_____

d) **Haben Sie Speisen und Getränke aus Ihrem Land schon in den deutschsprachigen Ländern gesehen?**

_____

_____

4 „Hat es Ihnen geschmeckt?"

werden Sie wahrscheinlich öfters in einem deutschen Restaurant gefragt.
Wenn es Ihnen geschmeckt hat, können Sie das gern dem Ober und auch Ihrem Gastgeber sagen. Wenn nicht, wenden Sie sich an den Ober.
Vielleicht ist das Essen für Sie auch nur ungewohnt. Dann dürfen Sie das Ihrem Gastgeber sagen.

▶ **a) Reklamieren Sie mit Hilfe der folgenden Ausdrücke:**

- Herr Ober, das Fleisch / ...... ist zu zäh, fett, roh, kalt, hart, versalzen, nicht frisch.
- Fräulein/Bedienung, bitte!
- Leider schmeckt das .... nicht.
- Die Bestellung dauert aber lang, ich habe noch einen Termin.
- Das .... ist nicht in Ordnung.
- Das kann ich nicht akzeptieren, können Sie mir bitte etwas neues / anderes bringen.
- Das möchte ich zurückgehen lassen.
- Können Sie bitte den Geschäftsführer rufen.
- Ich möchte gern den Geschäftsführer sprechen!

▶ **b) Loben Sie Ihren Gastgeber oder den Ober mit Hilfe der folgenden Ausdrücke:**

- Die Bohnensuppe/... hat vorzüglich / ausgezeichnet / sehr gut / wunderbar / wirklich frisch geschmeckt.
- Das ist wirklich e ne Spezialität.
- Das ist zwar für mich neu / unbekannt, aber es schmeckt sehr gut.
- Das Restaurant / der Service ist sehr gut, / kann man weiterempfehlen.

▶ **c) Was würden Sie machen, wenn Sie mit dem Restaurant absolut unzufrieden sind?**

- gar nichts
- nicht bezahlen
- den Geschäftsführer kommen lassen
- das Essen oder das Getränk umtauschen
- oder _____

▶ **d) Was würden Sie tun, wenn Sie sehr zufrieden sind?**

- gar nichts
- viel Trinkgeld geben
- den Ober/Gastgeber loben
- das Restaurant weiterempfehlen
- oder _____

Geschäftsessen

Ergänzende Übungen

1 Was gehört zusammen?

▶ Ordnen Sie bitte die folgenden Wörter den verschiedenen Kategorien zu.

Pils, Schlüssel, Anmeldeformular, Traubensaft, Besprechung, Sekt, einfach, Herr Ober, Vorspeise, Termin, Einschreiben, Speisekarte, Rückfahrkarte, Kleingeld, roher Schinken, Nachtportier, Abfahrt, Konferenzzimmer, Trinkgeld, Hunderter, Wechselkurs, Schaffner, Rührei, wecken, Briefmarken, Gleis, Spiegelei, Sauna, Schalter, Einzelzimmer, Sitzung, Zwanziger, Frühstück, Fünfmarkstück, Zinsen, Brötchen, S-Bahn, Eilbrief, Währung, herber Wein, Ankunft, Auslandsvermittlung, Kännchen, Abfahrt, vereinbaren, Strammer Max, Kapitalsteuern, Tilgung, Geschäftsführer, versalzen, Flugticket, Ankunft, U-Bahn, Wechsel, Rezeption, Fahrschein, Aktenkoffer.

Restaurant:

Hotel:

Bank:

Post:

Geschäftstreffen:

Transportmittel (Taxi, Bus, Bahn, usw.):

2 Wörterrätsel

▶ In den folgenden Zeilen sind, von links nach rechts gelesen, Wörter versteckt.

```
C M B A H N H O F T D E M H W A R E N P A
F F P W O F R E I H A U S R D S T E U E R
E D V X P E F I N A N Z A B T E I L U N G
Ä D U N T E R L A G E N T Y E I L I G M O
T A B E S P R E C H U N G Ö K N M E S S E
Z O L L E R T V E R M I E T E N P A Ö L R
A J A N G A B E N P L E I K A U T I O N A
F R I D R I N G E N D R E I B R A U C H E
P T O V E R B R A U C H E R X S C H O N R
C P C O M P U T E R K R Y G R E N Z E P Ä
I O R W T Y E M P F E H L E N W S E K T Ö
Ü B E R W E I S U N G G S C H A L T E R I
M W S T A U F Z U G T A G U N G L K W D A
X Y Z H E R Z L I C H E N D A N K ! X Y Z
```

3 **Schreiben Sie den folgenden Text neu, indem Sie die fehlenden Zwischenräume einsetzen.**

VONEINEREUROPÄISCHENGEMEINSCHAFTFÜRTRINKGELDSITTENSINDWIRNOCHWEIT

ENTFERNTDIEDEUTSCHENPENDELNBEIMTRINKGELDGEBENZWISCHENKLEINLICHKEIT

UNDANGEBEREIBEIEINEMWIENERSCHNITZELDASWIEEINESCHUHSOHLESCHMECKT

RUNDENWIRGROSSZÜGIGVON14AUF15DMAUFALSGEBRAUCHSANWEISUNGFÜR

TRINKGELDINDEUTSCHLANDSOLLTEGELTENBEISCHLECHTERQUALITÄTNICHTSUND

REKLAMIERENBEIGUTEMSERVICEUNDFREUNDLICHERBEDIENUNG10BIS15%AUFDEN

RECHNUNGSBETRAG.

Auf der Messe

A Zur Vorbereitung

1 Welche Aufgaben hat eine Messe
a) für die Aussteller

_____

b) für die Besucher?

_____

2 a) Welche Messen kennen Sie?

_____

_____

b) Welche Messen sind wichtig für Sie?

_____

3 Diskutieren Sie mit Ihrem Partner, auf welche Messe* Sie fahren sollen, um

– Zulieferer zu suchen,

– Importeure und Exporteure zu treffen etc.

▶ **Führen Sie das Gespräch als Rollenspiel.**

- _____ ist umfangreicher/größer/internationaler als _____

- _____ hat mehr Aussteller als _____

- _____ sind mehr Branchenvertreter als _____

---

* Die Daten der Leipziger Herbstmesse und der Kölner Orgatechnik finden Sie z. B. auf S. 112 u. 119.

B Arbeit mit dem Video

1 Zum Globalverständnis

▶ **Sehen Sie sich den Filmabschnitt 8 an und beantworten Sie dann die folgenden Fragen.**

a) Wer nimmt an dem Gespräch teil?

_____

c) Worüber wird gesprochen?

_____

b) Kennen sich die beteiligten Personen von früher?

_____

d) Wie endet das Gespräch?

_____

2 Filmtext

1 **L:** *Ah, schönen guten Tag, Frau Dr. Wagner, schön, Sie hier in Köln zu sehen.*

W: *Schön guten Tag, Herr Lind. Wie geht es Ihnen?*

5 **L:** *Danke gut, und selbst?*

W: *Danke, sehr gut. Wir haben viel zu tun, es sind viele Interessenten auf der Messe, Sie kennen es ja. Seit wann sind Sie denn in Köln?*

10 **L:** *Wir sind gestern gekommen. Aber mir tun schon die Füße weh.*

W: *Ja, das kann ich verstehen. Mir mehr vom Stehen und Ihnen vom Laufen. Haben Sie denn schon interessante Neuigkeiten gese-*

15 *hen?*

L: *Ja, so einiges, aber ich komme hauptsächlich wegen Ihres Angebots über eine mögliche Zusammenarbeit. Das war sehr interessant für uns.*

ORGATECHNIK KÖLN
INTERNATIONALE BÜROMESSE

Das ganze Büro klar und übersichtlich präsentiert auf ca. 230.000 qm Ausstellungsfläche

Auf der ORGATECHNIK zeigen rund 2.000 Firmen aus ca. 30 Ländern die entscheidenden Zukunftstrends, marktreife Innovationen und anwendergerechte Problemlösungen – die internationale Palette der Büro- und Informationstechnik und dazu ein Weltangebot an funktionalen Einrichtungen und Ausstattungen. Übersichtlich gegliedert und systematisch präsentiert.

Hallen 1–11
Hier finden Sie schwerpunktmäßig die Büro-, Informations- und Kommunikationstechnik

Hallen 12–14
Und hier präsentieren sich schwerpunktmäßig Büroeinrichtung und Büroausstattung

Organisationsmittel und Artikel des Bürobedarfs sind den Produkten der Büro-, Informations- und Kommunikationstechnik sowie der Einrichtung und Ausstattung funktional zugeordnet und deshalb in nahezu allen Hallen zu finden.

Auf der Messe

Personen: Frau
Dr. Wagner (W)
Herr Lind (L)
Ort: Messe Orgatechnik
Köln
Zeit: 24. Oktober

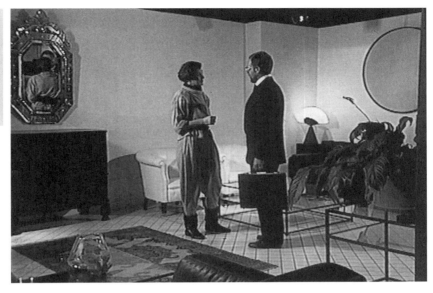

20 **Sprecher:** *Das Gespräch geht weiter über das Angebot, daß ARBORUM Komponenten für die neuen italienischen Wohnmöbel liefert, im Gegenzug importiert ARBORUM* 25 *italienische Büromöbel und vertreibt sie im nordeuropäischen Raum. In diesem Zusammenhang kommt man auch auf Liefermengen und Lieferbedingungen zu sprechen.*

W: *Wenn Sie sich hier auf der Messe noch für* 30 *eine Bestellung vom Modell 1213 bei ca. 500 Stück entscheiden könnten, kann ich Ihnen einen weiteren Rabatt, einen Messerabatt von 5 % einräumen.*

L: *Also noch 5 % auf den von Ihnen genannten* 35 *Preis?*

W: *Ja. Auf den Preis, den ich im Angebot gemacht habe.*

L: *Ja. Das erleichtert natürlich die Entschei-* 40 *dung enorm. Ich muß erst aber Rücksprache halten und möchte mir* bei Ihnen morgen melden.*

W: *Sind Sie morgen noch in Köln?*

L: *Ja. Übrigens, haben Sie heute abend etwas* 45 *Besonderes vor?*

W: *Heute abend? Noch nichts Bestimmtes.*

L: *Nichts Bestimmtes? Möchten Sie mit uns, d. h. meiner Sekretärin und mir Essen zu* gehen?*

50 **W:** *Mit der Frau Franke? Oh ja, gern. Haben Sie schon ein Lokal ausgesucht hier in Köln?*

L: *Ja, wir haben einen Tisch im „Ratskeller* 55 *Köln" bestellt. Um acht Uhr abends.*

W: *O.K. Um acht Uhr. Ich bedanke mich für die Einladung. Bis dann. Auf Wiedersehen, Herr Lind.*

L: *Auf Wiedersehen, Frau Dr. Wagner.*

Filmtext 8

3 Wortschatz

▶ **Erklären Sie die folgenden Begriffe in Ihrer Muttersprache aus dem Zusammenhang des Textes.**

der Interessent, -en _____

weh tun _____

das Angebot, -e _____

die Zusammenarbeit, 0 _____

der Gegenzug, 0 _____

vertreiben _____

der Zusammenhang, ⸚e _____

die Liefermenge, -n _____

die Lieferbedingung, -en _____

die Bestellung, -en _____

sich entscheiden _____

der Rabatt, -e _____

erleichtern _____

die Entscheidung, -en _____

enorm _____

die Rücksprache, -n _____

übrigens _____

das Lokal, -e _____

aussuchen _____

die Einladung, -en _____

Auf der Messe

4 Zum Detailverständnis

▶ **Sehen Sie sich den Film noch einmal an, machen Sie Notizen, und beantworten Sie dann die folgenden Fragen.**

Einleitung

a) Wie heißt das Gebäude, das am Anfang von einem Luftschiff überflogen wird?

_____

b) Welche Verkehrsmittel sieht man zu Beginn des Filmabschnitts?

_____

c) Wie heißt Herrn Linds Gesprächs-partnerin?

_____

d) Wo findet die Messe statt?

_____

Besprechung

e) Glauben Sie, daß die beiden ihr Treffen im voraus vereinbart hatten? Begründen Sie Ihre Ansicht.

_____

_____

f) Wie lange ist Herr Lind schon in der Messestadt?

_____

g) Welche Punkte bespricht Herr Lind mit seiner Gesprächspartnerin?

_____

_____

h) Aus welchem Land stammen die Möbel von Herrn Linds Gesprächspartnerin?

_____

i) Wie hoch ist der Messerabatt bei welcher Bestellmenge?

_____

j) Akzeptiert Herr Lind das Angebot sofort?

_____

k) Wie lange bleibt Herr Lind noch in der Messestadt?

_____

l) Warum, wann und wo treffen sich die beiden noch einmal?

_____

5 Höflichkeiten

a) Welche Formulierungen verwenden Frau Dr. Wagner und Herr Lind bei der Begrüßung?

_____

_____

b) Wie beginnt Herr Lind seine Einladung zum Essengehen an Frau Dr. Wagner?

_____

_____

c) Mit welcher höflichen Formulierung antwortet Frau Dr. Wagner?

_____

_____

6 Verhandlungssache

▶ **Lesen Sie bitte zu zweit auf S. 113 bis zu der Stelle, wo Frau Dr. Wagner sagt:**

„Ja. Auf den Preis, den ich Ihnen im Angebot gemacht habe."

▶ **Führen Sie bitte dann das Gespräch frei weiter, d. h. mit viel Phantasie.**

Dabei soll die Bedingung gelten, daß Herr Lind mit der Höhe des Messerabatts noch nicht zufrieden ist. Er könnte z. B. die Bestellmenge erhöhen, auf Konkurrenten hinweisen etc.

Denken Sie an Garantiebedingungen, Lieferfristen, Lieferbedingungen, Zahlungsbedingungen etc.

7 Eine geschäftliche Einladung

▶ **Lesen Sie das Gespräch weiter bis zu der Stelle auf S. 113, wo Herr Lind fragt:**

„Übrigens, haben Sie heute abend schon etwas Besonderes vor?"

▶ **Führen Sie den Dialog weiter unter der Bedingung, daß Frau Dr. Wagner schon etwas vorhat.**

Herr Lind kann versuchen, Frau Dr. Wagner umzustimmen oder sie zu einem anderen Zeitpunkt einzuladen.

8 Messen und Messestädte

Dieser Film spielt in der Messestadt Köln.
Können Sie die folgenden Städte und internationalen Messen richtig zuordnen?

a Frankfurt/M.	1 Möbelmesse	a
b Offenbach	2 Frühjahrs- und Herbstmesse	b
c Hannover	3 Tourismus-Börse	c
d Berlin	4 Spielwarenmesse	d
e Leipzig	5 Baumaschinenmesse	e
f Hannover	6 Internationale Automobilausstellung	f
g Frankfurt/M.	7 CeBIT	g
h Nürnberg	8 Buchmesse	h
i München	9 Industriemesse	i
j Köln	10 Lederwarenmesse	j

Kennen Sie noch weitere Messestädte in der Bundesrepublik, in Österreich oder der Schweiz sowie die Namen der entsprechenden Messen?

Auf der Messe

9 Cross Cultural Training: Messe

a) Ist es Ihrer Meinung nach üblich, daß ein Messegespräch, auch wenn es nicht lange dauert, im Stehen geführt wird?

_____

b) Herr Lind ist Geschäftsführer seiner Firma. Trotzdem will er wegen der Bestellung noch einmal Rücksprache halten. Mit wem könnte er Rücksprache halten?

_____

Was halten Sie davon?

_____

c) Ist es Ihrer Erfahrung nach üblich, daß Messegespräche zu privaten Einladungen führen?

_____

d) Messen können für alle Beteiligten oft sehr anstrengend sein.
– Aus welchen Äußerungen im Film geht das hervor?

_____

_____

– Welchen Eindruck machen die beiden Geschäftsleute auf Sie?

_____

– Welche Erfahrungen haben Sie von Messebesuchen?

_____

10 Frauen im Beruf

a) Haben Sie in der Bundesrepublik oft Geschäftsfrauen als Gesprächspartnerin?

_____

b) Wie ist die Rolle der Frauen im Geschäftsleben in Ihrem Land?

_____

_____

c) Nehmen Sie Stellung zu den folgenden Behauptungen.
Wieweit gelten sie
in Ihrem Land,
in der Bundesrepublik?
(s. a. S. 62)

– Die meisten Frauen arbeiten in untergeordneten Positionen.
– Die Anzahl der Frauen in Führungspositionen steigt seit einigen Jahren kontinuierlich.
– Im Geschäftsleben sind promovierte Frauen (mit Doktortitel) selten.
– Frauen bekommen in der Regel für die gleiche Arbeit das gleiche Gehalt wie Männer.
– Das harte Geschäftsleben ist Männersache.
– Würde es mehr Frauen in Führungspositionen geben, dann könnte das oft das Verhandlungsklima verbessern.
– Frauen müssen oft mehr können als Männer, um einen Top-Job zu bekommen.

10 Handeln, handeln, handeln

Auf S. 113 faßt der Sprecher einen
großen Teil des Gesprächsinhalts
zwischen Frau Dr. Wagner und Herrn
Lind zusammen.

▶ **Führen Sie einen Dialog, in dem Sie mit
Hilfe der Angaben auf S. 113 dieses
Gespräch führen. Das Raster rechts
hilft als Kurzprotokoll.**

– Komponenten	
– Artikel-Nr.	
– Preise	
– Mengen	
– Rabatte	
– Transporte	

▶ **a) Führen Sie ein ähnliches Rollenspiel
über Produkte Ihrer Branche.**

▶ **b) Ordnen Sie die folgenden Satzteile,
so daß sie sinnvolle Sätze ergeben.**

a	b	c	d	e	f	g	h	i	j

a Ich bezweifle,

b Glauben Sie nicht auch,

c Das klingt sicher sehr überzeugend,

d Wie Sie ganz richtig sagten,

e Haben Sie eine Erklärung,

f Entschuldigen Sie bitte,

g Sie können doch nicht bestreiten,

h Ich möchte hier gern die folgende
Frage stellen:

i Darf ich Ihnen folgenden Vorschlag
machen:

j Ich möchte Sie darauf hinweisen,

1 aber da gibt es leider einen Haken bei
der Sache.

2 warum die Lieferung so spät kommt?

3 wenn ich Sie hier unterbreche.

4 ob das realistisch ist.

5 Wir treffen uns am Freitag bei mir und
besprechen alles noch einmal ganz in
Ruhe.

6 daß diese Firma fast pleite ist.

7 So sind wir die einzige Firma, die
diese Menge so schnell liefern kann.

8 Können wir uns das wirklich leisten,
einen so wichtigen Kunden zu verlieren?

9 daß Ihr Konkurrent uns einen höheren
Rabatt gewährt.

10 daß die Firma XYZ zuverlässiger arbeitet?

**Übrigens: Was bedeuten die Wörter „unterbrechen", „pleite", „gewähren"
und „zuverlässig"?**

C Zur Vertiefung
I Die Leipziger Messe

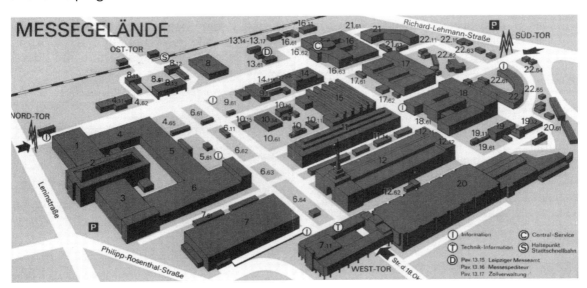

Elektrische Energietechnik und Elektro-technologie

Hallen 15, 17, 18, 22
Freigelände 18.61, 22.61

u. a. Anlagen für die Elektroenergieübertragung -verteilung und -umwandlung; elektrische Antriebe; Elektrowärmetechnologien; Elektrokeramik; Kabel, Leitungen, Isolierstoffe; Elektroinstallationsmaterial; Ausrüstungen für die elektrotechnische und elektronische Industrie; anlagenbezogene Prüf- und Meßtechnik

Schweißtechnik

Halle 11

einschließlich Anlagen und Geräte zum Schneiden; Laserschweißen und -schneiden

Branchenkomplex Bauwesen

Baumaschinen

Hallen 8, 11, 19
Freigelände 6.62–6.64, 12.62, 16.61, 17.61, 17.62, 19.61

Zementanlagen; Maschinen und Ausrüstung für den Hoch-, Tief- und Straßenbau sowie für die Baustoffindustrie; Anlagen für Betonfertigteile; Universalbagger; Laser für Flchtung und Steuerung

Glas- und Keramikmaschinen

Halle 11

Maschinen für die Herstellung und Bearbeitung von Glas- und Keramik-Erzeugnissen

Baustoffe, -material, -geräte

Hallen 8, 11, 12.11
Freigelände 6.62–6.64, 7.61, 12.62, 16.61,17.61 17.62

Steine, Bindemittel, Zuschlagstoffe, keramische Bau-stoffe; Holz- und Faserbaustoffe, bituminöse Bau-stoffe, Plast- und Elast-Baustoffe, Sperr-, Dämm-, Anstrich- und Klebestoffe; Sanitärinstallation; fahrbare Baugerüste; Arbeitsbühnen; Brandschutz

Bauteile und -konstruktionen, Fertigbau

Hallen 8, 11, 12.11
Freigelände 6.62–6.64, 7.61, 10.61, 12.62, 16.61 17.61, 17.62

Bauteile und -elemente; Ausbau; Tief- und Industriebau; technische Gebäudeausrüstung; Fertighäuser

Branchenkomplex Schienen-, Wasser- und Luftfahrzeuge

Schienenfahrzeuge

Pavillons 22.13, 22.14
Freigelände 22.62

einschließlich Maschinen und Ausrüstungen für den Gleisbau

Wasserfahrzeuge

Halle 10
Freigelände 10.61

einschließlich Bauteile, Zubehör; Betriebsanlagen der Seeverkehrs- und Hafenwirtschaft

Luftfahrzeuge

Halle 1

einschließlich Flugplatzeinrichtungen

Branchenkomplex Glas und Keramik

Bauglas, Flachglaserzeugnisse, Glasseiden- und Glasfasererzeugnisse, Kaolin, Glassand

Freigelände 7.61

a) Wo stehen die Ausstellungsstücke?

a) _____

b) _____

c) _____

b) Ist Ihre Branche auch vertreten?

_____

_____

2 Zur Bedeutung von Messen und Ausstellungen

Messen bieten ein umfassendes Angebot für viele Wirtschaftszweige. Sie finden in regelmäßigen Abständen am gleichen Ort statt. Wichtigste Zielgruppe sind dabei die Fachbesucher.

Fachausstellungen sind wichtig zur Information und Darstellung einzelner Wirtschaftszweige.
Allgemeine Ausstellungen dienen zur Werbung und Aufklärung für bestimmte Wirtschaftsräume oder Wirtschaftsprobleme.

Für mittelständische Unternehmen sind Messen und Ausstellungen die billigste Informations- und Kommunikationseinrichtung für den Beginn und die Ausweitung von Auslandsgeschäften. Sie dienen der eigenen Information und der Information von Kunden. Sie sind damit sehr wichtig, um Zutritt zu neuen Märkten zu bekommen.
Mehr als ein Drittel aller Exportaufträge deutscher Unternehmen resultieren aus der Teilnahme an Auslandsmessen.
Die mittelständischen Unternehmen haben durch die Teilnahme an Messen einen mehrfachen Nutzen:

– Darstellung der eigenen Produkte
– Information und Orientierung über das Angebot der Konkurrenz
– Kontaktaufnahme mit potentiellen Abnehmern
– Anregung zur Neu- und Weiterentwicklung eigener Produkte
– Imageaufbau im Ausland.

Daher ist die aktive Beteiligung an Auslandsmessen Voraussetzung für den Einstieg in den ausländischen Markt und die Festigung der eigenen Position in diesem Markt.

▶a) **Lesen Sie den Text, unterstreichen Sie alle Ihnen unbekannten Wörter, schreiben Sie sie heraus und übersetzen Sie sie.**

_____

_____

_____

_____

_____

_____

_____

▶b) **Beschreiben Sie den Unterschied zwischen einer Messe und einer Ausstellung.**

_____

_____

_____

_____

_____

Auf der Messe

c) Komplettieren Sie das Assoziogramm!

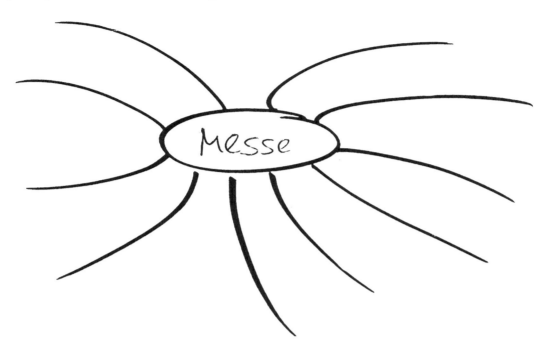

d) Warum ist die Teilnahme an Messen wichtig für mittelständische Unternehmen?

_____

_____

_____

e) Gelten diese Gründe auch für Ihre Firma?

_____

_____

f) Welche Vor- und Nachteile haben Messen und Ausstellungen?

Vorteile	Nachteile

D Ergänzende Übungen

1 Kreuzworträtsel

a) Sie finden hier einige Wörter, bei denen jeweils der dritte Buchstabe fehlt.

▶ **Ergänzen Sie bitte.**

Die dritten Buchstaben ergeben der Reihe nach gelesen, ein neues Wort (ie, ei, ck = 2 Buchstaben).

```
L i . f e r u n g
I n . o v a t i o n
e n . w e r f e n
E n . b e t r a g
L e . r l a u f
L a . k i e r u n g
A n . a u f
K r . d i t k a r t e
e r . e u e r n
```

Lösungswort: _ _ _ _ _ _ _ _ _

b) Stellen Sie (evtl. in Partnerarbeit) ein ähnliches Rätsel her.

2 Lückentext

▶ **Setzen Sie die folgenden Fragewörter ein.**

wie lange – warum – seit wann – wie – wer – welche – wann und wo

a) _____ können wir uns treffen?

b) _____ dauert das Seminar?

c) _____ geht es Ihnen?

d) _____ sind Sie denn schon in Köln?

e) _____ glauben Sie, daß Firma XYZ in Konkurs gegangen ist?

f) _____ ist der neue Abteilungsleiter?

g) _____ Urlaubspläne haben Sie?

Auf der Messe

3 Maßeinheiten

a) Was paßt zueinander? Kreuzen Sie an.

	mm	V	kw	l	m/sek^2	m^2	m/sek
Leistung							
Fläche							
Beschleunigung							
Geschwindigkeit							
Länge							
Spannung							
Volumen							
Breite							
Durchmesser							

b) Welche Maßeinheiten sind in Ihrer Branche wichtig?

Zu guter Letzt

Gehen sie einmal im „Käppen Plambeck" in Heiligenhafen essen!
Was würde Ihnen am besten schmecken, Fisch oder Fleisch oder etwas anderes . . .

Ostseeheilbad
Heiligenhafen
Direkt am Hafen
Telefon 0 43 62/18 86

Oder ein anderer Vorschlag: Fahren Sie einmal nach Heiligenhafen oder Lübeck oder . . .
und probieren Sie Ihre neu erworbenen Sprachkenntnisse aus, denn:

Es gibt nichts Gutes, außer – man tut es!

Wir hoffen, Sie hatten viel Spaß mit diesem Kurs und wünschen Ihnen:
Viel Erfolg auf dem deutschen Markt!

Lösungsschlüssel

Der Lösungsschlüssel enthält nur die Lösungen für die Sprachübungen. Fragen zum Film oder zu zusätzlichen Texten sind aus dem Filmtext oder den Zusatztexten zu klären. Lösungen für das Cross Cultural Training wie für die Wortschatzlisten können nur von den einzelnen Lernern entsprechend ihrer Muttersprache und Kultur beantwortet werden.
Für die Fragen zur deutschen Landeskunde gibt es noch spezielle Hinweise in den dazugehörigen Lehrerhandreichungen.

S. 19 **Ü 1**
1. R, 2. F, 3. R, 4. R, 5. R, 6. F, 7. F, 8. R, 9. R, 10. R.

S. 22 **Ü 1**
a) an, b) bei, c) wegen, d) im, zu, e) am, f) über, g) von, h) auf (die), i) um, j) von, k) in.

S. 22 **Ü 2**
a) abmachen, vereinbaren, b) verbinden, c) besetzt, d) ausrichten, e) Besprechung, Sitzung,
f) Nachricht, g) ausrichten, h) wegen, i) außer Haus, j) rufe ... zurück, rufe ... wieder an.

S. 36 **Ü 1**
a) wann, b) wie, c) wie, d) welche, e) was, f) wo, g) wie, h) wann, i) warum, j) woher.

Ü 2
a) 4, b) 7, c) 2, d) 10, e) 1, f) 3, g) 8, h) 5, i) 9, j) 6.

Ü 3
(Es sind verschiedene Satzstellungen möglich.)
a) Ich heiße Sie herzlich willkommen in Heiligenhafen.
b) Ich wünsche Ihnen einen angenehmen Aufenthalt.
c) Danke gleichfalls!
d) Entschuldigung, sind die zwei Plätze noch frei?
e) Verzeihung, der Orangensaft ist alle.
f) Ihr Service ist wirklich ausgezeichnet.
g) Vielen Dank, das freut uns.

S. 37 **Ü 4**
1. C, 2. D, 3. I, 4. G, 5. J, 6. A, 7. B, 8. H, 9. F, 10. E.

Ü 5
1. anmelden, 2. vereinbaren, 3. außer Haus, 4. gebucht, 5. ausfüllen, 6. bleiben, 7. bestellt,
8. Speisekarte, 9. empfehlen, 10. versalzen.

S. 38 **Ü 6**
Einzelzimmer, bestellen, parken, Schlüssel, Aufenthalt, frei, Übernachtung, Frühstück, wecken,
pünktlich, genau, Nachtruhe, angenehm, mitnehmen, alle, sofort, Bar/bar, Golf.

Ü 7
A: Guten Tag. Kann ich bei Ihnen ein Zimmer bestellen?
B: Möchten Sie ein Einzelzimmer oder ein Doppelzimmer?
A: Ein Doppelzimmer, bitte, für zwei Nächte.
   Das Zimmer hat Dusche?
B: Wir haben leider nur noch Doppelzimmer mit Bad frei.
A: Ja, das geht auch. Übrigens, was kostet das Zimmer?
B: Pro Nacht 150,– Mark, mit Frühstück.
   Der Seeblick ist gratis.
A: Mir wären die Berge lieber, aber ich nehme das Zimmer trotzdem.

S. 44   **Ü 6**
A: Ich möchte für 1000 Dollar D-Mark eintauschen.
B: Das sind 1.732,– DM. Möchten Sie Hunderter?
A: Zwei Fünfhunderter und den Rest Hunderter.
   Wie lange haben Sie übrigens geöffnet?
B: Täglich von halbacht bis 22.00 Uhr.
A: Übrigens, gibt es im Bahnhof eine Apotheke?
B: Nein, leider nicht. Aber in der Goethestraße.
   (Auch hier sind natürlich andere Wortstellungen möglich).

S. 45   **Ü 7 d)**
a) 11, b) 13, c) 12, d) 10, e) 7, f) 5, g) 1, h) 4, i) 3, j) 9, k) 6, l) 2, m) 8.

S. 47   a) R, b) F, c) R, d) F, e) R, f) R, g) F, h) R.

S. 49   **Ü 2**
Rappen (oder Dollar – nichteuropäisch), NATO, Zollstock, Sandbank, Geldbörse, UKW, Lehrgeld, Autokarte, Badezimmer, Dessert, Sekt, kg, Neugier, vergessen, Theke, 246.

Ü 4
Die Bilanz ist die Kunst, das wirtschaftliche Resultat eines Geschäftsjahres so zu präsentieren, daß die Bank einen guten Eindruck hat und weiterhin Kredite gibt. Das Finanzamt hat aber bei einer guten Bilanz wenig Möglichkeiten, den Gewinn zu versteuern.

S. 50   **Ü 6**
a) 4, b) 5, c) 7, d) 9, e) 10, f) 2, g) 1, h) 3, i) 6, j) 8.

Ü 7
a) 5, b) 3, c) 1, d) 2, e) 4, f) 6.

S. 64   **Ü 2 c)**
unhöflich, schlicht, einfach, frei, unangenehm, mangelhaft, ungünstig, problematisch, morgens, unvorsichtig, mündlich, unwesentlich, nicht so eilig, geschäftlich.

S. 65   **Ü 1**
a) 1, b) 3, c) 1, d) 3, e) 2, f) 1.

Ü 2
Stau, empfehlen, bar, bestätigen, genau, voll, alle, Telex, Panne, Fähre, lind, Währung, Anlage, ausgezeichnet, Waldlauf, Hunderter, Gutschrift, Falschgeld, Zinsen, Auftrag.

S. 66   **Ü 3**
Machen Sie nie die drei folgenden gefährlichen Fehler auf der Autobahn. Das Wenden auf der Autobahn ist streng verboten. Wenn Sie die Ausfahrt verpaßt haben, fahren Sie zur nächsten Ausfahrt weiter. Das Rückwärtsfahren auf der Autobahn ist grundsätzlich verboten. Sie dürfen nur in Notfällen auf dem Randstreifen halten. In diesem Fall müssen Sie die Warnblinkanlage einschalten und das Warndreieck aufstellen.

Ü 4
könnte/kann, ○ kann, ● können, ○ soll, ● kann, ○ kann/könnte, ● soll, ○ kann ●, können/könnten.

S. 74   **Ü 6**
a) 6, b) 4, c) 5, d) 2, e) 3, f) 1, g) 8, h) 7, i) 14, j) 13, k) 9, l) 11, m) 12, n) 10.

Lösungsschlüssel

S. 75   **Ü 7 c)**
a) 3, b) 4, c) 6, d) 2, e) 1, f) 5, g) 9, h) 7, i) 8.

S. 79   **Ü 2**
a) könnte, b) wäre, c) könnten, d) wäre, e) hätte, f) könnte, g) würden ... telefonieren,
h) würde ... übernachten, i) würden ... wecken, j) würden ... Platz nehmen.

S. 80   **Ü 3**
a) können, b) sind, c) haben, d) schlagen ... vor, e) empfehlen, f) kommen, g) hilft, gewinnt,
nimmt.

S. 81   **Ü 4 a)**
„rekommandieren" gibt es nur noch in Österreich in der Bedeutung von „einen Brief per Einschreiben senden". Es bedeutet nicht „empfehlen" (e) 1).
a) 4, b) 10, c) 9, d) 8, f) 7, g) 13, h) 3, i) 2, j) 12, k) 6, l) 5, m) 11.

S. 92   **Ü 2**
A 10, B 9, C 11, D 12, E 6, F 8, G 2, H 5, I 1, J 7, K 3, L 4

S. 104   **Ü 6**
Künstler Joseph Beuys: Aktionskünstler
Maler Paul Klee: abstrakte Kunst
Schriftsteller Bertolt Brecht: Dreigroschenoper
Komponist Carl Orff: Musikpädagoge
Regisser Volker Schlöndorff: Die verlorene Ehre der K. Blum
Komponist Ludwig van Beethoven: Für Elise
Musikerin Anne-Sophie Mutter: Geigerin
Schriftsteller Günter Grass: Die Blechtrommel
Musikerin Nina Hagen: Rockmusik
Regisseur Rainer-Werner Fassbinder: Die Blechtrommel

S. 110   **Ü 2**
Bahnhof, dem, Waren, frei Haus, Steuer, Finanzabteilung, Unterlagen, eilig, Besprechung,
Messe, Zoll, vermieten, Angaben, Kaution, dringend, brauche, Verbraucher, schon, Computer,
Grenze, empfehlen, Sekt, Überweisung, Schalter, MwSt, Aufzug, Tagung, Herzlichen Dank!
Ü 3
Von einer europäischen Gemeinschaft für Trinkgeldsitten sind wir noch weit entfernt. Die Deut-
schen pendeln beim Trinkgeldgeben gelegentlich zwischen Kleinlichkeit und Angeberei. Als Ge-
brauchsanweisung für Trinkgeld in Deutschland sollte gelten: bei schlechter Qualität nichts und
– reklamieren. Bei gutem Service und freundlicher Bedienung 10 bis 15 % auf den Rechnungsbetrag.

S. 116   **Ü 8**
a) 6, b) 10, c) 9, d) 3, e) 2, f) 7, g) 8, h) 4, i) 5, j) 1.

S. 118   **Ü 10 b)**
a) 4, b) 10, c) 1, d) 7, e) 2, f) 3, g) 6, h) 8, i) 5, j) 9.

S. 122   **Ü 1** entdecken

Ü 2 a) wann und wo, b) wie lange, c) wie, d) seit wann, e) warum, f) wer, g) welche.

S. 123   **Ü 3** kw, m^2, m/sek^2, m/sek, mm, V, l, mm, mm.

Quellennachweis für Texte und Abbildungen

Umschlag: Entwurf ZERO-Team, München, **Foto:** Imagebank

U.-Innen: Karte der deutschsprachigen Länder

Alle Karikaturen (S. 3, 7, 39, 51, 67, 83, 97, 111): Leif Nilsson

Alle Filmfotos (S. 8, 9, 24, 25, 26, 40, 52, 53, 54, 69, 70, 84, 100, 112): Bengt Hallberg

Alle Illustrationen (wenn nicht anders angegeben): Anders Gäfert

S. 9 Karte Heiligenhafen und Umgebung: Jürgen Bartz.

S. 18 Mit freundlicher Genehmigung des Bundesministeriums für Post- und Telekommunikation (Hg.) ©: ISDN – alles über ein Netz, Bonn 1990.

S. 20 Mit freundlicher Genehmigung der Hotels: Lysia-Mövenpick, Jensen und Schwarzwaldstuben, alle Lübek 1990.

S. 29 Karte: Verkehrsverbindungen Kalmar/Schweden-Lübeck: Jürgen Bartz.

S. 30/31 Illustration und Idee aus: Dreke/Lind (Hg.): Wechselspiel, © München (Langenscheidt) 1986, S. 86 und 87.

S. 33 Mit freundlicher Genehmigung des Maritim Golf- und Sporthotel, Timmendorfer Strand.

S. 34 aus Cohen/Osterloh: Herzlich willkommen. Deutsch für Fortgeschrittene in Hotel, Restaurant und Tourismus, © München, (Langenscheidt) 1986, S. 21, (gekürzt).

S. 41 Mit freundlicher Genehmigung der DKV-Bank, Hamburg, 1990.

S. 46 Mit freundlicher Genehmigung "Der Spiegel". Aus: 'Der Spiegel': "Hacken statt knacken", Nr. 49/87.

S. 59 Mit freundlicher Genehmigung des Fremdenverkehrsamts der Landeshauptstadt München ©: Key to Munich 89/90.

S. 62 Globus Kartendienst ©: Der Chef ist eine Frau, G-Nr. 7864.

S. 63 Hans-Dieter Hellmann: "Die alten Regeln der Höflichkeit...", in: Lübecker Nachrichten 26. 10. 1986

S. 76 Globus Kartendienst ©: Mittelstand – Fundament der Wirtschaft. G-Nr. 8267.

S. 78 zitiert nach: Humboldt-Wirtschafts-Lexikon, München 1990 Bd. 926.

S. 91 'Die deutsche Hanse um 1400' aus: Meyers Kleinem Lexikon der Geschichte, © Mannheim 1987.

S. 99 und 102 Mit freundlicher Genehmigung von 'Das Schabbelhaus zu Lübeck'. Historische Gaststätten.

S. 112 Mit freundlicher Genehmigung der Messe- und Ausstellungs-GmbH Köln für Logo und Text zur Messe 'ORGA-Technik Köln'.

S. 119 Mit freundlicher Genehmigung des Leipziger Messeamts. Lageplan und Branchenübersicht für die Leipziger Messe 1989.

S. 124 Mit freundlicher Genehmigung des Restaurants 'Käppen Plambeck' Heiligenhafen.